大學衍義

2

宋 真德秀 編

明崇禎五年刊本

第二册

大學衍義

十三之七

大學衍義卷之十三

宋　學士　真德秀　彙輯
明　史官　陳仁錫　評閱

格物致知之要一

明道術

異端學術之差

子曰。攻乎異端。斯害也巳。攻。專治也。如攻金攻木之攻。

臣按異端之名。始見於此。謂其非聖人之道而別爲一端也。堯舜禹湯文武周公之學。君子常盡心焉。若舍此而專治乎異端。豈不有害邪。或

正其本以
勝之

疑是時異端未作孔子所指未知爲誰臣謂老聃楊朱墨翟皆與孔子同時特以洙泗之教方明故其說未得肆耳孔子之言必有爲而發

公都子曰外人皆稱夫子好辯敢問何也孟子曰聖王不作諸侯放恣處士橫議楊朱墨翟之言盈天下天下之言不歸楊則歸墨楊氏爲我是無君也墨氏兼愛是無父也無父無君是禽獸也公明儀曰庖有肥肉廄有肥馬民有饑色野有餓莩是率獸而食人也楊墨之道不熄孔子之道不著是邪說誣民充塞仁義也仁義充塞則率獸食人人將相食吾爲此懼

孔子不闢而異端之說不敢肆此聖賢之

閑先聖之道（閑者防衛之意）距楊墨（距猶禦也）放淫辭（放驅而遠之也）邪說者不得作作於其心害於其事作於其事害於其政聖人復起不易吾言矣昔者禹抑洪水而天下平周公兼夷狄驅猛獸而百姓寧孔子成春秋而亂臣賊子懼詩云戎狄是膺荊舒是懲則莫我敢承無父無君是周公所膺也我亦欲正人心息邪說距詖行放淫辭以承三聖者予豈好辯哉予不得已也故曰能言距楊墨者聖人之徒也

臣按孔子既沒異端遂作至孟子時盛矣以司馬遷所記自鄒衍淳于髡田駢之徒各著書言

治亂之事以干世主者不可勝數若申不害商鞅輩其害尤甚焉而孟子所深距者惟楊墨二氏何哉程頤嘗論之曰楊墨之害甚於申韓楊氏爲我疑於義墨氏兼愛疑於仁申韓則陋而易見故孟子止闢楊墨爲其惑世之甚也夫爲我之疑於義何也義者任理而無情楊朱自一身之外截然弗卹故其迹似乎義兼愛之疑於仁何也仁者尚恩而主愛墨翟於親疏之閒無何不愛故其迹似乎仁殊不知天下之理本一而分則殊故君子親親而仁民仁民而愛物心

無不溥而其施有序心無不溥則非爲我矣其施有序則非兼愛矣楊朱專於爲我則昧乎理之一墨翟一於兼愛則昧乎分之殊若是而曰仁義乃所以賊乎仁義也夫事君則致其身楊朱但知愛身而不知致身之義故無君立愛必自親始墨翟愛無差等而視其至親無異衆人故無父無父無君則人道滅絕是亦禽獸而已大抵正道異端相爲消長楊墨之道不息則孔子之道不明則姦言邪說得以誣罔民聽塞絕正理正理絕滅不惟禽獸食人人亦將相食此

孟子之所以懼而不容不辯也。閑者防閑之義。距楊墨放淫辭闢邪說者。卽所以閑先聖之道也。天下之治亂。其源實出於人心。邪說一溺於其心。則發於心而害於事。發於事而害於政。蓋必然之勢也。事者政之目。政者事之綱。一念差則一事壞。一目隳則大綱亦從而隳。此邪說所以不可不闢。人心所以不可不正也。禹抑洪水。周公兼夷狄驅猛獸。孔子作春秋。事雖不同。而其救天下之患。立生民之極則一。孟子之心。亦三聖之心也。言旣終。復謂能言距楊墨者。卽聖人之徒。蓋所以勉天下學者，皆以闢異端扶正道為心。庶幾生人之類，不淪胥於禽獸，此孟子之功，所以不在禹下也。

漢武帝建元元年，董仲舒對策曰：春秋大一統者，天地之常經，古今之通誼也。春秋公羊傳：隱元年春王正月，何言乎王正月？大一統也。仲舒蓋借此而言，以明天下道術當統於一。今師異道，人異論，百家殊方，指意不同，是以上亡以持一統，法制數變，下不知所守。臣愚以為諸不在六藝之科、孔子之術者，皆絕其道，勿使復進。邪辟之說滅息，然後統紀可一，而法度可明，民知所從矣。

臣按此武帝即位之初也是年丞相綰奏所舉賢良或治申商韓非蘇秦張儀之言亂國政請皆罷奏可而質之本傳則仲舒實發之申商韓非皆爲刑名之學而秦與儀則爲縱横之學者也鞅之相秦廢井田而開阡陌以術欺鄰國而襲破其師刀鋸斧鉞之刑横加無罪臨渭論囚水爲之赤其慘覈少恩可知矣申韓之術大抵類是而儀秦以辯舌捭闔時君而傾亂人國此五人者皆生民之蠹而正道之賊也以其所挾往往徼一時富貴故後來之士企而慕之漢初

游說之士若蒯通朱建輩大抵踵儀秦故轍而儒者如賈誼鼂錯亦皆明申韓先王之道闇鬱不明雖通達之士不免沒溺於異學當是時也不有仲舒昌言排之道術何自而一乎故先儒推論其功以爲不在孟子下詎不信然惜武帝雖略行其言終不能寘諸丞弼之地使綱紀世敎而嚴助朱買臣輩以縱橫進張湯杜周之徒以刑名用晚年巫蠱之禍父子不能相保則一江充實爲之其人蓋兼刀筆口舌之能者也吁有天下者可不深監乎此

太過

司馬遷曰。武帝時人作史記 世之學老子者。則絀儒學。儒學亦絀老子。道不同。不相爲謀

臣按百家之學。惟老氏所該者衆。今撫其易知者言之。曰慈。曰儉。曰不敢爲天下先。曰無爲民自化。好靜民自正。無事民自富。無欲民自樸。無情民自淸。此近理之言也。曹參以之相漢。收寧壹之效。文帝以之治漢。成富庶之功。雖君子有取焉。曰玄牝之門。爲天地根。綿綿若存。用之不勤。此養生之言。而爲方士者祖焉。曰將欲翕之。必固張之。將欲奪之。必固與之。此陰謀之言也

范蠡用之以取吳張良本之以滅項而言兵者尚焉曰大道廢有仁義曰失道而後德失德而後仁失仁而後義失義而後禮禮者忠信之薄而亂之首此矯弊之言而放蕩者宗之至其以事物爲粗迹以空虛爲妙用蒙莊氏因之（莊周也）以荒唐繆悠之辭譁於世而淸談者倣之自其近理者言之固在所可取然皆吾聖人之所有也下乎此則一偏一曲之學其弊有不勝言者養生之說則神僊方藥之所自出也陰謀之術則申商韓非之所本也放蕩之害至劉伶阮籍

而甚（皆晉人）淸談之禍至王衍何晏而極（衍魏人晏晉人）皆以惑亂世主斲喪生民雖老莊之學初未至此然本源一差其流必有甚焉以是言之曷若由堯舜周孔之道爲無弊哉或謂自漢以來有黃老之稱黃帝亦聖人也其道與老子均乎曰此猶醫師之宗神農巫步之祖大禹非其傳之正也或又謂文帝用黃老而天下安武帝用儒術而海內耗則儒術果不逮黃老矣曰非也清靜慈儉老氏之所長而文帝用之故其效如此然亦富之而未及敎也使其用孔子之道則其

成功豈止是哉若武帝之於儒術特崇其名而已而所以斁耗生民者則神僊刑名兵家之罪儒術何與焉臣不得以不辯

漢郊祀志自齊威宣（威王 宣王）燕昭王使人入海求蓬萊方丈瀛洲此三神山者其傳在渤海中諸僊人及不死之藥皆在焉秦始皇至海上方士爭言之始皇如恐不及使人齎童男女入海求之船交海中皆以風雨爲解曰未能至望見之焉其明年始皇復游海上後三年游碣石考入海方士後五年始皇南至湘山遂登會稽並海上幾遇海中三神山之奇藥不得還

到沙丘崩

漢武帝即位尤敬鬼神之祀李少君以祠竈卻老方見上上尊之少君嘗自謂七十能使物卻老善爲巧發奇中言上祠竈皆可致物（物謂鬼物）而丹砂可化爲黃金成以爲飲食器則益壽而海中蓬萊僊者迺可見見之以封禪則不死黃帝是也於是天子始親祠竈遣方士入海求蓬萊而事化丹砂諸藥爲黃金矣久之少君病死天子以爲化去不死使人受其方而海上燕齊怪迂之方士多言神事矣明年齊人少翁以方見上拜爲文成將軍以客禮禮之文成言上即欲

與神通宮室被服非象神神不至迺作畫雲氣車又作甘泉宮中爲臺室畫天地泰一諸鬼神而置祭具以致天神居歲餘其方益衰神不至迺爲帛書以飯牛陽不知言此牛腹中有奇書殺視得書天子識其手迹（謂所書事迹）於是誅文成隱之其後又作栢梁銅柱承露僊人掌之屬欒大者故與文成同師求見言方天子既誅文成後悔其方不盡及見欒大大說大爲人多方略敢爲大言言臣之師曰黃金可成不死之藥可得僊人可致迺拜爲五利將軍居月餘得四印以衛長公主妻之大見寵數月貴震天下而海上燕

齊之間莫不搤掔（搤與扼同，掔與腕同）自言有禁方能神僊矣。齊人公孫卿又言黃帝鑄鼎荆山成，有龍垂胡髯下迎黃帝。後世因名其處曰鼎湖。於是天子曰：嗟乎！誠得如黃帝，吾視去妻子如脫屣耳。五利不敢入海，而之泰山祠。上使人隨驗，實無所見。五利妄言見其師，其方盡多不讎（不讎，無驗也）。上迺誅五利。其冬，公孫卿候神河南，言見僊人迹緱氏城上。天子親幸緱氏視迹，問卿得無效文成、五利乎？卿曰：僊者非有求人主，人主者求之。其道非寬假，神不來。言神事如迂誕，積以歲乃可致。於是郡國各除道，繕治宮館名山神祠所以望幸矣後上東巡海上行禮祠八神齊人之上疏言神怪奇方者以萬數迺益發船令言海中神山者數千人求蓬萊神人還至奉高太山邑名封泰山無風雨而方士更言蓬萊諸神若將可得於是上欣然庶幾遇之復東至海上望焉復遣方士求神人采藥以千數公孫卿言僊人可見上往常遽以故不見令陛下可為館如緱氏城依其制度置脯棗神人宜可致且僊人好樓居於是上令長安作飛廉桂館二館名甘泉作益壽延壽館使卿持節設具而候神人迺作通天臺置祠具其下將招來神僊之屬後五年一祠泰山十二

◎

言服藥即有誤處

歲徧於五嶽四瀆方士之候神入海求蓬萊者終無驗公孫卿猶以大人之迹爲解天子羈縻不絕幾遇其眞（幾與冀同）大始四年上耕於鉅鹿還幸泰山脩封禪祀明見羣臣乃曰朕即位以來所爲狂悖使天下勞苦不可追悔自今事有害百姓糜費天下者悉罷之田千秋曰方士言神僊者甚衆而無顯功請皆罷斥遣之上曰大鴻臚言是也於是悉罷諸方士候神人者是後上每對羣臣自歎嚮時愚惑爲方士所欺天下豈有僊人盡妖妄耳節食服藥差可少病而已

臣按神僊之說自戰國始燕齊之君嘗求之不

原本之言

驗矣。而秦皇帝復求之。秦皇帝求之不驗矣。而漢孝武復求之。以孝武之高明英傑。而長生不死之欲一動乎中。遂爲方士所愚惑。猶玩嬰兒於股掌之上。豈不異哉。晚更巫蠱之變。壯心摧落。悔志始萌。乃知平日所爲無非狂悖。而以方士爲妖妄。盡斥罷之。是時年幾七十矣。海內已虛耗矣。乃始自咎其非。不亦晚乎。然迷而能復。猶賢於始皇之終不悟云。

武帝末年。頗好鬼神。上書言方術者。皆得待詔。谷永說上曰。臣聞明於天地之性。不可惑以神怪。知萬物之情。不可罔以非類。諸背仁義之正道。不遵五經之法言。而盛稱奇怪鬼神。廣祭祀之方。求報無福之祠。及言世有僊人服食不終之藥者。皆姦人惑衆。挾左道懷詐僞以欺罔世主。聽其言洋洋滿耳。若將可遇求之盪盪。如係風捕景。終不可得。是以明王距而不聽。聖人絕而不語。唯陛下距絕此類。毋令姦人有以窺朝者。上善其言。

臣按谷永此疏。足以盡方士欺詭之情矣。使武帝時有爲斯言者。或可以開帝意之惑乎。然則永所謂天地之性萬物之情者。何也。曰。天地雖大萬物之多。其所不能違者。陰陽而已。故春夏不能常春夏。而有秋冬焉。旦晝不能常旦晝。而有暮夜焉。闔闢之循環。往來之更代。此天地之性也。榮必易之以悴。盛必繼之以衰。有終則有始。有殺則有生者。萬物之情也。天地以體言。故曰性。萬物以用言。故曰情。人在天地間。是亦一物耳。而爲神僊之學者。則曰吾能長生而不死。有是理乎。善乎揚雄之說也。或問人言僊者有諸。曰吾聞宓犧神農沒。黃帝堯舜殂落而死。文王畢。畢。地名。文王所葬 孔子魯城之北。孔子葬處 獨子愛其

死乎。非人之所及也。合永與雄之說。則知長生之爲虛誕也明矣。而後來者猶甘心而不悟。哀哉

漢光武信讖。多以決定嫌疑。議郎桓譚上疏曰。凡人情忽於見事。而貴於異聞。觀先王之所記述。咸以仁義正道爲本。非有奇怪虛誕之事。今諸巧慧小才伎數之人增益圖書。矯稱讖記（圖書謂讖緯符命之類）以欺惑貪邪。詿誤人主。焉可不抑遠之哉。宜垂明聽。發聖意。屏羣小之曲說。述五經之正義。帝不悅。其後有詔會議靈臺所處。帝曰。吾欲讖決之何如。譚嘿然良久曰。臣

不讀讖。帝問其故。譚復極言讖之非經。帝大怒曰。桓
譚非聖無法。將下斬之。良久乃解

臣按光武之中興。其先有以赤伏符來上者。赤伏符者圖讖之名帝於是篤信之。始以之命三公。又以之
定郊祀。終以之斷封禪焉。不知六經者先王之
格言。而讖緯者末世之邪說。張衡以爲起於哀
平之間。蓋得之矣。新莽之居攝也。假稱符命以
惑衆聽。因以行其篡竊之謀。光武誅新復漢。宜
削滅其書以絕禍本可也。乃以赤伏之驗。崇信
而表章之。夫異端小數。豈無或驗。要非六經之

法言。先王之正道。故劉歆見之而改名。公孫述因之而僭畔。是徒足以起亂臣賊子之心而已。果何益於世敎哉。自光武好之而東都儒者鮮不傳習。至引之以釋經。謬妄爲甚。後之爲正義者復祖焉。故

先朝名臣歐陽脩乞詔儒臣悉取九經之疏。刪去讖緯之文。以其害道故也

聖明之君。有志於扶持正道者。誠取脩言施行之。則所益多矣

初。明帝（顯宗也）聞西域有神。其名曰佛。因遣使之天竺

求其道。得其書及沙門以來。其書大抵以虛無爲宗。貴慈悲不殺。以爲人死精神不滅。隨復受形。生時所行善惡。皆有報應。故所貴修鍊精神。以至爲佛。善爲宏闊勝大之言。以勸誘愚俗。精於其道者。號曰沙門。於是中國始傳其術。圖其形像。而王公貴人獨楚王英最先好之

臣按此佛法入中國之始也。是時所得者佛經四十二章。緘之蘭臺石室而已。所得之像。繪之清涼臺顯節陵而已。楚王英雖好之。然不過潔齋修祀而已。英尋以罪誅。不聞福利之報。其後

靈帝始立祠於宮中。魏晉以後。其法寖盛。而五胡之君。若石勒之於佛圖澄。符堅之於沙門道安。姚興之於鳩摩羅什。往往尊以師禮。元魏孝文號爲賢主。亦幸其寺。修齋聽講。自是至於蕭梁其盛極矣。而其源則自永平始。非明帝之責而誰哉

魏正始中尚書何晏好老莊書。與夏侯玄荀粲王弼之徒。競爲清談。祖尚虛無。謂六經爲聖人之糟粕。由是天下士大夫慕效。遂成風流。不可復制。正始。魏主曹芳年號。是時司馬懿專國。晏蓋曹爽之黨

置國事於度外皆清談遺禍也

景元中。常道鄉公年號中散大夫嵇康好言老莊。與阮籍。籍兄子咸。山濤。向秀。王戎。劉伶相友善。號竹林七賢。皆崇尚虛無。輕蔑禮法。縱酒昏酣。遺落世事。籍居喪飲酒。無異平日。當時士大夫爭慕效之。謂之放達。未幾魏禪於晉

晉武帝太康中。王戎爲司徒。王衍爲尚書令。樂廣爲河南尹。皆善清談。宅心事外。朝野爭慕效之。衍與弟澄。好題品人物。澄及阮咸。謝鯤。畢卓等。皆以任放爲達。醉狂裸體。不以爲非。初何晏等祖述老莊。立論以爲天地萬物皆以無爲本。無也者。開物成務。無往不

以崇有救之則無者愈熾

存者也。衍等愛重之。由是士大夫皆尚浮誕。廢職業。裴頠著崇有論以釋其蔽。然習俗已成。亦不能救。未幾惠帝立。晉室大亂。劉聰石勒遂據中原

元帝渡江。初。王導爲政。陳頵遺導書曰。中華所以傾覆者。正以崇莊老之俗。傾惑朝廷。養望者爲弘雅。政事者爲俗人。今宜改張。然後中興可冀。導不能從

庾亮鎮武昌。辟殷浩爲記室。浩與褚裒杜乂皆以識度清遠。善談老易。擅名江東。而浩尤爲風流所宗

孝武帝時。豫章太守范甯。嘗謂王弼何晏之罪深於桀紂。或以爲貶之太過。甯曰。王何蔑棄典文。幽淪仁

王何只是不盡職業郎著書亦然故曰修詞立其誠所以居業也

義游辭浮說。波蕩後生。使搢紳之徒。翻然改轍。以至禮壞樂崩。中原傾覆。遺風餘俗。至今爲患。桀紂縱暴一時。適足以喪身覆國。爲後世戒。豈能迴百姓之視聽哉。故吾以爲一世之禍輕。歷代之患重。自喪之惡小。迷衆之罪大也

梁簡文帝爲太子時。講老子於華林園。詹事何敬容歎曰。西晉尚清虛。使中原淪於胡羯。今東宮復爾。江南其爲戎乎

何詹事眞盡職之言不愧承華

未幾。侯景作亂。武帝餓殂。簡文弒殞

臣按清談之弊。起於曹魏。而終於蕭梁。其始蓋宗老莊氏。其末。則有欲爲老莊氏之役而不可

◎

得者。彼徒見老氏謂有生於無也。故何晏王弼之徒。設爲玄虛之論。視事物之有形者。皆爲芻狗。是非成壞。一不足介意。於是臣不必忠。子不必孝。禮法不必事。威儀不必脩。惟空曠無心。不爲事物染着者。乃爲知道。固非先王之教之所許。而於老氏本指亦莫之究焉。蓋老氏謂天下之物生於有。而有生於無。非始無無而今有也。何晏輩乃悉歸之於無。是豈老氏本指邪。自吾儒言之。形而上者。理也。形而下者。物也。有是理故有是物。有是物則具是理。二者未嘗相離也。方

此二語方悉情狀

其未有物也。若可謂無矣。而理已具焉。其得謂之無邪。老氏之論既失之。而爲清談者又失之尤者也。若吾儒之道則不然。天之生物。無一之非實理之在。人亦無一之非實。故立心以實意爲主。脩身以實踐爲貴。講學以實見爲是。行事以實用爲功。此堯舜周孔相傳之正法也。自何晏戎衍以至殷浩。雖皆高談空妙。然於世之名寵權利未嘗不深留其情。晏圖台鼎。戎執牙籌。衍營三窟。浩達空函。卑猥貪吝。更甚庸俗。不知晏輩其以名寵權利爲有邪。爲無邪。夫既酷嗜而深求之。是必以爲有矣。夫何世間萬有一切皆無。獨此乃眞有邪。其視老氏之無爲無欲。超然萬物之表。莊生於千金之聘。三公之位。若浼焉者。果何如耶。此所謂欲爲老莊之役而不可得者也。其始以之自利其身。其終以之貽害於國。故桓溫以爲神州陸沉。百年丘墟。王夷甫諸人不得不任其責。（夷甫衍字）而陶弘景之詩有曰。平叔任散誕。（平叔晏字）夷甫坐談空。不悟昭陽殿。化作單于宫。而何敬容亦有江南爲戎之歎。蓋自晋及梁。其亂亡如出一轍。皆學老莊氏而失之罪。

推原其本。是亦老莊之罪也。然則有天下者。懲魏晉蕭梁之禍。其可不以堯舜周孔之道爲師哉

後魏世祖時。道士寇謙之。自言嘗遇老子授以辟穀輕身之術。又遇神人李君授以圖籙眞經。使之輔佐北方太平眞君。出天宮靜輪之法。其中數篇。李君手筆也。謙之獻於魏主。朝野多未信。崔浩獨師事之。（崔浩。魏大臣也）上書證明其事。曰。聖主受命。必有天應。河圖洛書。皆寄言於蟲獸之文。未若今日神人接對。手筆粲然。辭旨深妙。自古無比。魏主遂信之。顯揚新法。宣布

天下

寇謙之奏作靜輪宮。必令其高。不聞雞犬。以上接天神。崔浩勸魏主從之。功費萬計。經年不成。太子晃諫（危哉太子）曰。天人道殊。卑高定分。不可相接。理在必然。今虛耗民力。將安用之。必不得已。請因東山萬仞之高。庶為功差易。魏主不從。（未幾。崔浩以事坐誅。魏主燾亦為其臣所弒）

臣按。魏燾夷狄之君。其為異教所惑。不足責也。（總是固位）崔浩名為研精經術。不喜老佛。而乃惑於一道士之言。以讒妄為可信。是又出於老佛之下矣

先儒胡寅嘗論之曰。浩言河圖洛書。寄言於鳥

獸之文。夫圖書之顯。乃天地之理。自然發見。如
垂象然。非有寄言者也。又言神人接對。手書纍
然。辭旨深妙。此又理之所必無者也。神無聲色
貌象。曷爲其能書邪。至於信讒之之說。作宫以
上接天神。尤爲愚誕。夫天非若地之有形也。自
地而上。無非天者。日月星辰之繫乎天。非若草
木山川之麗乎地也。著明森列。躔度行止。皆氣
機自運。莫使之然而然者。無所託也。若其有託
則是以形相屬。一麗乎形。能不壞乎。神也者。妙
萬物而爲言。謂造化之迹。盈虛消息而不可測

也。或者惑於荒幻之言，乃謂或聆其音者，或覩其儀觀，或受其詔告符契，寧有是哉。臣謂胡寅之論善矣。然則人主之事天，果何道乎？詩曰：「上帝臨女，無貳爾心。」又曰：「無貳無虞，上帝臨女。」夫無貳者，一也。主一者敬，而能一者誠也。湯之所以事天，曰顧諟明命爾。文王之所以事天，曰翼翼小心爾。夫豈求之外哉。人主知此，則土木不必崇，儀物不必備，懍然自持，常若對越，則不待聆音旨，覩儀觀，受符契，而游衍出王，無非與神明周旋者矣。

梁武帝中大通元年九月。幸同泰寺。設四部無遮大會。釋御服。持法衣。行清靜大捨。羣臣以錢一億萬祈白三寶。奉贖皇帝。菩薩僧衆默許。乃還內

上自天監中。用釋氏法。長齋斷肉。日止一食。惟菜羹糲飯而已。多造塔。公私費損。時王侯子弟多驕淫不法。上年老。厭於萬機。又專精佛戒。每斷重罪。則終日不懌。或謀反逆事覺。亦泣而宥之。由是王侯益横。或白晝殺人於都街。或暮夜公行剽掠。有罪亡命。匿於王家。有司不敢搜捕。上深知其弊。而溺於慈愛。不能禁也

中大同元年三月庚戌上幸同泰寺遂停寺省講三慧經夏四月丙戌解講是夜同泰寺浮圖災上曰此魔也宜廣爲法事乃下詔曰道高魔盛行善障生當窮茲土木倍增往日遂起十二層浮圖將成值侯景亂而止明年侯景舉河南來歸又明年景反陷臺城上以餓殂

臣按魏晉以後人主之事佛未有如梁武之至者也夫以萬乘之尊而自捨其身爲佛之廝役其可謂卑佞之極矣殫國府藏朘民膏血以資塔廟又可謂尊奉之極矣以蔬茹麪食而易宗廟之牲牢恐其有累冥道也織官文錦有爲人

類禽獸之形者亦禁反逆赦而不誅剽盜肆行。亦弗忍禁凡以推廣佛戒也蓋嘗論之使僊而可求則漢武得之矣佛而可求則梁武得之矣。以二君而無得焉則知其不可求而得也明矣。縱求而得之戎夷荒幻之教不可以治華夏山林枯槁之行不可以治國家況不可求邪漢武貪僊而終致虛耗之禍梁武佞佛而卒召亂亡之厄則貪佞之無補也又明矣且其舍身事佛豈非厭塵囂而樂空寂乎使其能若迦維之嫡嗣視王位如敝屣褰裳而去之庶乎爲眞學佛者。（釋迦者迦維國王之嫡嗣舍王位而入山學佛）而帝也既以篡弒取人之國。又以攻伐侵人之境。及其老也雖慈孝如太子統一涉疑似忌之而至死貪戀如此。又豈真能捨者乎。釋服入道既可徼浮圖之福奉金贖還。又不失天子之貴。是名雖佞佛而實以誑佛也。且其織文之非實。猶不忍戕之。彼蚩蚩之氓性命豈鳥獸比。而連年征伐。所殺不可勝計。浮山築堰浸灌敵境舉數十萬衆而魚鼈之。曾不少卹。是名雖小仁而實則大不仁也。且國所與立。惟綱與常。帝於諸子皆任以藩維而無禮義之訓。故正德以梟獍之資。始舍父而奔敵國。終引賊以覆宗祊。武帝未生太子統時。養臨川王宏子正德爲子。及統生。正德還本封西豐侯。意怏怏。遂奔魏。已而逃歸。復其封爵。後進王臨賀。侯景反。正德首以內應導之以犯闕。又與景約。克城之日。毋得全兩宮。兩宮謂帝及太子綱也。若綸若繹。或總雄師。或鎮上游。當君父在難。不聞有灑血投袂之意。邵陵王綸。督諸軍討侯景。不力戰。湘東王繹。鎮江陵。不時遣援。致景陷都城。方其弟兄相仇。叔姪交兵。極人倫之惡。武陵王紀與繹相攻。繹殺紀。又攻河東王譽於湘州。攻岳陽王詧於襄陽。詧與譽皆湘東之姪也。其後詧引魏兵殺繹於江陵。此無他。帝之所學者釋氏也。釋氏以天倫爲假合。故臣不君其君。子不父其父。三四

與二不足長何異

此僧因之所以多也

十年之間風俗淪胥綱常掃地宜其致此極也
使其以堯舜三王爲師而不雜於方外之教必
本仁義必尚禮法必明政刑顧安有是哉
唐代宗始未甚重佛宰相元載王縉皆好佛縉尤甚
上嘗問佛言報應果有之邪載等對曰國家運祚靈
長非宿植福業何以致之福業已定雖時有小災終
不能爲害所以安史皆有子禍懷恩出門病死二虜
不戰而退此皆非人力所及豈得言無報應也上由
是深信之常於禁中飯僧百餘人有寇至則令僧講
仁王經以禳之寇去則厚加賞賜良田美利多歸僧

寺。載等侍上。多談佛事。政刑日紊矣

臣按。代宗以報應爲問。使其時有儒者在相位。必以福善禍淫。虧盈益謙之理。反復啓告。使人主懍然。知天道之不可誣。而自强於修德。載等曾微一語及此。乃以宿植福業爲言。而謂國祚靈長。皆佛之力。毋乃厚誣天道乎。夫唐之所以歷年者。以太宗濟世安民之功不可掩也。而所以多難者。以其得天下也。不純乎仁義綱常禮法所在。有慚德焉。繼世之君。克己勵善者少。恣情悖理者多也。天有顯道。厥類惟彰。此之謂矣載等舍天道而談佛果。是謂災祥之降。不在天而在佛也。爲治之道。不在修德而在於奉佛也。代宗惟其不學。故載等得以惑之。且夫安史之禍。由太宗蠱於內。楊李賊於外。醞釀而成之也。而所以能平之者。由子儀光弼諸人盡忠帝室。驅而攘之也。其所以皆有子禍者。祿山思明。以臣叛君。故慶緒朝義以子弒父。此天道之所以類應者也。回紇吐蕃不戰自退。則又子儀挺身見虜。設謀反間之力。推迹本末。皆由人事。而載等乃曰。此非人力所及。其欺且誣。固不甚哉。方

精嚴之言

是時子儀以屢立大功爲大閹魚朝恩所忌載等以卻敵歸之佛力既足以排子儀又足以媚朝恩姦邪情狀豈不灼然而代宗弗之察也寇至則飯僧講經以禳之寇退則厚加賞賚移爪牙之功歸髡髮之輩其不激將士之怒而速危亡之厄直幸而已爾其後

我朝舉兵南伐孱生李煜亦祖是轍梵唄未終而城堞不守矣吁是豈不足爲千載之戒哉

唐憲宗與宰相語及神僊李藩對曰秦皇漢武學僊之效具載前史太宗服天竺僧長年藥致疾此古今

明戒也。陛下春秋鼎盛，勵志太平，宜拒絕方士之說。苟道盛德充，人安國理，何憂無堯舜之壽乎。時元和五六年間

元和十三年，以山人柳泌爲台州刺史。上好神僊，詔天下求方士。皇甫鎛薦泌能合長生藥。泌言天台多靈藥，誠得爲彼長吏，庶幾可求。上以命泌。諫官論奏以爲人主喜方士，未有使之臨民者。上曰：煩一州之力而能爲人主致長生，臣子亦何憂焉。由是羣臣莫敢言。泌至台州，驅吏民采藥，歲餘無所得，逃入山中。浙東觀察使捕送京師。皇甫鎛等保護之。上復使待

詔翰林。服其藥日加躁渴。起居舍人裴潾上言。藥以愈疾。非朝夕常餌之物。況金石酷烈有毒。又益以火氣。殆非五藏所能勝也。古者君飲藥。臣先嘗之。乞令餌藥者先餌一年。則眞僞可辨矣。上怒貶潾爲江陵令。上服金丹多躁怒。左右宦官往往獲罪有死者。人人自危。十五年正月暴崩。人謂內侍陳弘志弑逆

臣按李藩之對裴潾之諫。皆忠言至論也。憲宗不一之察。而卒服金丹以殞其身。自古人主爲藥所誤者多矣。臣獨舉憲宗者。英主也。敬宗昏童無足譏者。武宣皆英主。亦復爲之覆轍相尋

而不知鑒毋乃惑之甚蔽之甚乎

元和十四年迎佛骨至京師先是功德使上言鳳翔寺塔有佛指骨相傳三十年一開開則歲豐人安來年應開請迎之上從其言至是佛骨至京師留禁中三日歷送諸寺王公士民瞻奉捨施如恐弗及刑部侍郎韓愈上表諫曰佛者夷狄之一法耳自黃帝至禹湯文武皆享壽考百姓安樂當是時未有佛也漢明帝時始有佛法其後亂亡相繼運祚不長宋齊梁陳元魏已下事佛漸謹年代尤促惟梁武在位四十八年前後三捨身竟爲侯景所逼餓死臺城事佛求

真宰相之言，危而持，顛而扶。

福。乃更得禍。由此觀之，佛不足信，亦可知矣。佛本夷狄之人，與中國言語不通，衣服殊製，不知君臣之義、父子之情。假如其身尚在，來朝京師，陛下容而接之，不過宣政一見，禮賓一設，賜衣一襲，衛而出之，不令惑衆也。況其身死已久，枯朽之骨，豈宜以入宮禁？乞付有司，投諸水火，永絕禍本。上大怒，將加極刑。宰相裴度、崔羣言愈雖狂，發於忠懇，宜寬容以開言路。乃貶潮陽刺史。

相矛盾

臣按：後世人主之事佛者，大抵徼福田利益之報，所謂以利心而為之者也。故韓愈之諫，歷陳古先帝王之時。未有佛而壽考。後之人主。事佛而夭促。可謂深切著明者矣。而憲宗弗之悟也。方是時。既餌金丹。又迎佛骨。求僊媚佛。二者交舉。曾未朞年而其效乃爾。禍福報果安在邪。臣故併著之。以爲人主溺意僊佛者之戒

愈又嘗著原道篇。略曰。凡吾所謂道德云者。合仁與義言之也。天下之公言也。老子所謂道德云者。去仁與義言之也。一人之私言也。又曰。古之爲民者四。士農工賈今之爲民者六。四民之外。又有釋老農之家一。而食粟之家六。工之家一。而用器之家六。賈之家一。而資焉之家

六。奈之何民不窮且盜也。又曰。古之所謂正心誠意者。將以有爲也。今也欲治其心。而外國家天下者。滅其天常。子焉而不父其父。臣焉而不君其君。民焉而不事其事。又曰。孔子之作春秋也。諸侯用夷禮則夷之。夷而進於中國則中國之。今也舉夷狄之法。而加之先王之教之上。幾何其不胥爲夷也。又曰。夫所謂先王之教者何也。博愛之謂仁。行而宜之之謂義。由是而之焉之謂道。足乎已無待於外之謂德。其文。詩書易春秋。其法。禮樂刑政。其民。士農工賈。其位。君臣父子師友賓主昆弟夫婦。其服。絲麻。其居。宮室。其食

二語道盡古今著書之弊

粟米果蔬魚肉。其爲道易明。而爲教易行也。是故以之爲己。則順而祥。以之爲人。則愛而公。以之爲心。則和而平。以之爲天下國家。無所處而不當。是故生則得其情。死則盡其常。郊焉而天神假。廟焉而人鬼享。曰。斯道也。何道也。曰。斯吾所謂道也。非向所謂老與佛之道也。堯以是傳之舜。舜以是傳之禹。禹以是傳之湯。湯以是傳之文武周公。文武周公傳之孔子。孔子傳之孟軻。軻之死。不得其傳焉。荀與揚也。擇焉而不精。語焉而不詳

臣按。韓愈之書。深排釋老。可謂有功於衞道者。

故剟其略著於篇。然愈所謂堯傳之舜。舜傳之禹。至於孟子沒而不得其傳者。亦言其槩。而所以相傳者。則未之詳也。然則所以相傳者果何道耶。曰堯舜禹湯之中。孔子顔子之仁。曾子之忠恕。子思之中之誠。孟子之仁義。此所謂相傳之道也。知吾聖賢相傳之正。則彼異端之失可不辯而明矣。然此數者之中。曰中曰仁曰誠皆道之全體。是三者果一乎。果二乎。臣嘗論之。中也者。以其天理之正而無所偏倚也。仁也者。以其天理之公而不蔽於私欲也。誠也者。以其天理之實而不雜以僞妄也。雖所從言者不同。而其道則一而已。爾虞書言中而不及仁。論語言仁而不及誠。夫豈偏於一哉。中則無不仁。仁則無不誠矣。彼高而溺於空虛。卑而陷於功利者。焉有所謂中。慘覈刻薄者。焉有所謂仁。欺詭譎誕者。焉有所謂誠。以此揆彼。所謂夷夏之分。霄壤之隔也。人主於二者之辯。其可不明也哉

以上論異端學術之差

大學衍義卷之十三

大學衍義卷之十四

宋 學士 眞德秀 彙輯
明 史官 陳仁錫 評閱

格物致知之要一

明道術

王道霸術之異

齊宣王齊國名。宣諡也。諸侯僭王問曰。齊桓晉文之事。齊桓公名小白。晉文公名重耳。皆春秋時霸者可得聞乎。孟子對曰。仲尼之徒。無道桓文之事者。是以後世無傳焉。無以。則王乎。王謂行王者之道也曰。德何如則可以王矣。曰。保民而王。莫之能禦也。禦止也曰若寡人者可以保民乎哉曰可曰何由知吾可也曰臣聞之胡齕曰王坐於堂上有牽牛而過堂下者王見之曰牛何之對曰將以釁鍾王曰舍之吾不忍其觳觫牛恐懼之貌若無罪而就死地曰然則廢釁鍾與曰何可廢也以羊易之不識有諸曰有之曰是心足以王矣百姓皆以王為愛也愛愛財也臣固知王之不忍也王曰然誠有百姓者實有如百姓所譏者齊國雖褊小吾何愛一牛即不忍其觳觫新鍾成殺牲以血塗其郤曰釁若無罪而就死地故以羊易之也曰王無異於百姓之以王為愛也以小易大羊小牛大彼惡知之惡音汙言民豈知王意王若隱

其無罪而就死地。隱痛也 則牛羊何擇焉。王笑曰。是誠何心哉。我非愛其財而易之以羊也。宜乎百姓之謂我愛也。曰。無傷也。是乃仁術也。見牛未見羊也。君子之於禽獸也。見其生不忍見其死。聞其聲不忍食其肉。是以君子遠庖廚也。王說。曰。說喜也 詩云。他人有心。予忖度之。詩小雅之篇也 夫子之謂也。夫我乃行之。反而求之。不得吾心。夫子言之。於我心有戚戚焉。戚戚心動貌 此心之所以合於王者。何也。曰。有復於王者曰。吾力足以舉百鈞。三十斤爲一鈞 而不足以舉一羽。明足以察秋豪之末。豪至秋而銳 而不見輿薪。以車載薪 則王許之乎。曰。否。今恩足以及禽獸而功不至於百姓者獨何與然則一羽之不舉爲不用力焉輿薪之不見爲不用明焉百姓之不見保爲不用恩焉故王之不王音旺不爲也非不能也老吾老以及人之老幼吾幼以及人之幼吾老我之父兄吾幼我之子弟天下可運於掌詩云刑于寡妻至于兄弟以御于家邦言舉斯心加諸彼而已故推恩足以保四海不推恩無以保妻子古之人所以大過人者無他焉善推其所爲而已矣今王發政施仁使天下仕者皆欲立於王之朝耕者皆欲耕於王之野商賈皆欲藏於王之市行旅皆欲出於王之塗天下之欲

疾其君者也（疾，惡。）皆欲赴愬於王（愬與訴同）其若是孰能禦之

臣按五霸桓文爲盛（五霸者，齊桓、晉文、秦穆、楚莊、宋襄，皆春秋列國之君而霸於諸侯者也。）故宣王欲聞其事也。孟子直謂仲尼之徒無道之者，所以深沮宣王羨慕霸功之志，而欲其進於王道也。世以爲王道甚高而難行，孟子斷之以一言曰保民而王。保云者，愛護育養之意，書所謂若保赤子是也。王道不外乎保民，而保民又不外乎此心。即宣王愛牛不忍殺之心，知其可以保民無難也。或者見宣王以羊

易牛。謂其出於貪吝。而孟子獨曰是心足以王天矣。所以警覺宣王。使知只此一心。便足以王天下。其所指示亦精切矣。而宣王猶不悟本心之所以然也。於是孟子復曰無傷也。是乃仁術也。是又警覺宣王。使知前日以羊易牛。是乃行仁之術。術謂法之巧者。蓋處事不可無法。雖有此心而無法以處之。則亦徒善而已。朱熹謂人與禽獸同生而異類。故用之以禮。而不忍之心施於見聞之所及。其所以遠庖厨者。亦以預養此心而廣爲仁之術也。宣王聞此。乃始悦孟子之

知其心而亦未知王道之不外乎是也孟子復
爲一羽輿薪之譬以明愛物之難而仁民之易
宣王既能爲其所難乃不能爲其所易何哉善
乎張栻之說曰方其見牛而不忍者無以蔽之
愛物之端發見也其不能加恩於民者有以蔽
之而仁民之理不著也斯言也足以中宣王之
病矣老老幼幼而下則告宣王以行仁之序也
聖人之視天下莫不欲歸吾仁而其行則自近
始故親親而仁民仁民而愛物其序不可紊也
敬吾父兄慈吾子弟所謂親親也推之以及人

之父兄子弟所謂仁民也由是達之於天下雖昆蟲草木無不被其澤者不過舉此之心加諸彼而已推恩足以保四海此心流行雖遠必暨也不推恩無以保妻子此心壅遏雖近不周也由親以及民由民以及物此古人之善推也能及物而不能及民此宣王之不善推也發政施仁而下則告宣王以保民之實也其目不過於任賢使士樂仕於朝薄其賦斂使農樂耕於野寬其征稅使商賈樂藏於市行旅樂出於塗所謂王道者蓋如此豈有甚高難行者哉惜宣王

終不悟也

公孫丑孟子弟子問曰夫子當路於齊夫子謂孟子也當路謂爲卿相行國政也管仲齊桓公相晏子名嬰齊景公相之功可復許乎孟子對曰子誠齊人也知管仲晏子而已矣或問乎曾西曾參之子曰吾子與子路孰賢仲由字子路孔子弟子曾西蹵然不安貌曰吾先子之所畏也先子謂曾參也曰然則吾子與管仲孰賢曾西艴然不悅曰爾何曾比予於管仲曾則也管仲得君如彼其專也行乎國政如彼其久也功烈如彼其卑也爾何曾比予於是曰管仲曾西之所不爲也而子爲我願之乎曰管仲以其君霸晏子以其君顯管

王道霸術之異

仲晏子猶不足爲與。曰。以齊王音旺猶反手也

臣按。齊宣王既慕桓文。而公孫丑復慕管晏。蓋霸者功利之說。深入人心。爲日已久。故不惟時君慕之。而學者亦慕之也。孟子引曾西之言以折之。蓋子路雖不及有爲。而其所學固聖賢之大學也。若管仲之已試。則桓公專任之四十餘年。其所成就。不過國富兵彊而已。此孔氏之門所羞稱者。故雖曾西不屑爲之。况孟子以承三聖自任。其肯與之匹乎。先儒楊時有曰。孔子言子路之才。曰千乘之國。可使治其賦也。使其是

於施爲。如是而已。其於九合諸侯。一匡天下。固有所不逮也。然則曾西推尊子路。而羞比管仲者何哉。譬之御者。子路則範我馳驅而不獲者也。管仲之功。詭遇而獲禽爾。斯言盡之。使孟子當路於齊。則必行王者之道。其以齊王。信猶反掌之易也。或謂晏子於齊。固無功烈之足言。若管仲者。孔子蓋嘗以如其仁稱之。孟子學於孔子者也。何其言之異邪。曰。孔子之稱。稱其攘夷狄而尊中夏也。孟子所譏。譏其舍王道而用霸術也。所指固不同矣。然孔子雖稱其功。而器小之議不知禮之議固未嘗略況世變日下使孟子而不復議其舍王用霸之罪則人將靡然趨於霸矣波流滔滔孰從而返之邪以此坊民商鞅申不害之流猶以詐力彊國而甘處於霸之下者

孟子曰以力假仁者霸霸必有大國以德行仁者王王不待大湯以七十里文王以百里以力服人者非心服也力不贍也以德服人者中心悅而誠服也如七十子之服孔子也詩云自西自東自南自北無思不服此之謂也

臣按先儒謂自古之論王霸者多矣未有如此章之深切著明也蓋王霸之辨曰德與力而已力者國富兵彊之謂初無心於爲仁而借其名以集事也德者躬行心得之謂其仁素具於中而推之以及物也霸者以力故必大國乃能爲之王者以德不以力何待於大乎以力服人者有意於服人而人不敢不服以德服人者無意於服人而人不能不服此天理人欲之分而王霸之所以異也夫孔子以匹夫不得位而七十子終身從之是孰使之然哉所謂心悅而誠服

正心誠意之學止爲此寫下[illegible]

也王者之服人亦猶是也以春秋攷之齊桓之伐衛若尊王也而心則在於取賂莊二十七年王使召伯廖使齊侯命且請伐衛以其立子頹也二十八年齊侯伐衛戰敗衛師取賂而還其省難於魯若卹鄰也而心則在於覘國閔元年齊仲孫湫來省難仲孫歸公曰魯可取乎仲孫曰不可先儒譏其使計謀之士窺覘虛實有乘亂取國之心就其名義之最正者如救邢封衛之舉閔元年齊人救邢僖二年城楚丘首止葵丘之盟僖五年會王世子于首止以定世子之位九年諸侯會盟于葵丘然其心則欲仗義以服諸侯而成巳之霸若此之類皆所謂假仁者也其於小國則滅譚莊十年滅遂十三年降鄣三十年鄣紀附庸也遷陽閔二年陽

國名。齊人偪而遷之是皆以力服之也。然遂既滅矣。而亡國遺民猶能殲其師。齊人滅遂而戍之。十七年。齊師殲于遂。傳言遂因氏、頜氏。工婁氏。須遂氏。饗齊戍。醉而殺之則人不心服可知矣。至於大國則於楚也。雖仗諸侯之衆。執王祭之名。能使其受盟於召陵。僖四年。公會齊侯。宋公。陳侯。衛侯。鄭伯。許男。曹伯侵蔡。蔡潰。遂伐楚。次于陘。楚屈完來盟于師。盟于召陵。傳稱其責楚之詞曰。爾貢包茅不入。王祭不共無以縮酒。對曰。貢之不入。寡君之罪也。敢不共給曾未數年。伐吾與國之黃。又從而滅之。齊卒不能救也。既又伐吾與國之徐。齊雖救之。終莫止其敗也。十一年。楚人伐黃。十二年。楚滅黃。十五年。楚人伐徐。諸侯救徐。楚人敗徐於婁林其於晉也。未嘗能使之一與會盟蓋嘗取虢與虞矣不聞其以滅同姓問之也僖五年又嘗殺太子申生矣不聞其以易嫡子正之也僖五年葵丘之盟將來會而還亦不聞其致詰之也僖九年蓋其力之所至則以服之力之所不及則無以服之矣迨其末年城緣陵而散僖十三年諸侯城緣陵傳曰散亂也桓德衰矣城鄫而不果僖十六年城鄫役人病有夜登丘而呼曰齊有亂不果城而還狄侵衛又侵鄭僖十三年侵衛十四年侵鄭而不能遏會滅項雖討其罪而不能終是雖易服者亦無以服之矣僖十七年魯滅項齊人以為討而止公聲姜以公故會齊侯于卞公至自會又其甚也身沒未幾

而曹衛邾之師已見伐矣。僖十七年十二月齊侯小白卒。十八年正月。宋公。曹伯。衛人。邾人。伐齊。五月宋師及齊師戰于甗。齊師敗績若晉文之譎其視齊桓之正。又不逮焉。本無義也。而假一事示之義。本無信也。而假一事示之信。本無禮也。而假一事示之禮。晉侯始入而教其民。二年欲用之。子犯曰。民不知義。未安其居。於是乎出定襄王。入務利民。民懷生矣。將用之。子犯曰。民未知信。未宣其用。於是乎伐原而示之信。民易資者不求豐焉。明徵其辭。公曰可矣乎。子犯曰。民未知禮。未生其共。於是乎大蒐以示之禮曰示云者表而揚之以夸衆也。故一朝王之頃而遽請隧焉。僖十四年。王子帶作難。天王蒙塵于外。二十五年。狐偃言于晉侯曰。求諸侯莫如勤王。遂殺大叔。定襄王。請隧弗許是名爲勤王而實窺大物也。陽樊不服，則圍之。王與之陽樊溫原攢茅之田。陽樊不服，圍之。蒼葛呼曰：此誰非王之姻親，其俘之也。原不服，又圍之。名雖受地於王，實則以力取也。五霸莫盛於桓文，然皆以力假仁，而不本於德，故能屈人之力，而無以服其心。視昔成湯之興也，東征而西怨；文王之作也，大畏而小懷，爲何如哉！臣故略敘其事，以信孟子之說。

荀子曰：粹而王，粹謂純全也。駁而霸。駁，雜也。

臣按：荀卿以粹駁二字而爲王霸之分，亦可謂知言者也。蓋粹然出於仁義者，王也；仁而雜以不仁義而雜以不義者霸也。王者純乎道德，而霸者雜以功利，此其所以異也。荀卿之論王霸非一，獨此爲當於理。他如隆禮尊賢、重法愛民之別，敬日敬時之分，皆非是，故弗取焉。

董仲舒曰：夫仁人者，正其誼不謀其利，明其道不計其功。是以仲尼之門，五尺童子羞稱五伯（伯讀曰霸），爲其先詐力而後仁義也。

臣按：孟子之後，其能深闢五霸者，惟仲舒爲然。蓋仁人者知正義而已，利之有無不論也；知明道而已，功之成否不計也。義謂天下合宜之理。

道謂天下通行之路其實一也霸者則惟利是謀而於義有不暇顧惟功是計而於道有不暇卹此所以見黜於孔氏之門也至本朝程顥又謂得天理之正極人倫之至者堯舜之道也用其私心依仁義之偏者霸者之事也王道如砥本乎人情出於禮義若履大路而行無復回曲霸者崎嶇反側於曲逕之中而卒不可入堯舜之道顥之言與孟子仲舒實相表裏故錄云

以上論王道霸術之異

大學衍義卷之十四

寬於知人嚴於知子堯之所以如天

大學衍義卷之十五

宋　學士　眞德秀　彙輯

明　史官　陳仁錫　評閱

格物致知之要二

辨人材

聖賢觀人之法

堯典。帝曰。疇咨若時登庸。疇。誰也。咨。訪問也。若。順也。時。是也。庸。用也。放齊曰。放齊。臣名。胤子朱啓明。（帝子亦非所宜舉，放齊眞佞臣。）胤子朱。堯之嗣子丹朱也。啓。開也。言其性開明可登用也。帝曰。吁。吁者。歎其不然之辭。嚚訟可乎。嚚。謂口不道忠信之言。訟。爭辯也。可乎。言不可用也。帝曰。疇咨若予采。采。事也。驩兜曰。都。驩兜。臣名。都。美也。共

帝恐浮言日熾如齊驩等故呼四岳專詢之

工方鳩僝功。共工官名。世是官者。亦四凶之一。鳩聚也。僝見也。言共工方且鳩聚而見其功也。帝曰吁靜言庸違。靜謂無事之時。庸謂有事之際。無事則能言。用之則違背也。象恭滔天。象似也。言貌恭而心不然也。滔漫也。言其中心之惡浩瀚而無極也。帝曰咨四岳。四岳官名。一人而總四岳諸侯之事也。湯湯洪水方割。湯湯水盛貌。洪大也。割害也。蕩蕩懷山襄陵。蕩蕩廣也。懷包也。襄駕出其上也。大阜曰陵。浩浩滔天。浩浩大貌。滔天言其勢大若漫天也。下民其咨。咨怨嗟也。有能俾乂。俾使也。言有能使治此水者。僉曰於鯀哉。僉衆共之辭。四岳與其所領諸侯之在朝者同辭而對曰。於美也。鯀崇伯名。亦四凶之一。帝曰吁咈哉。咈甚不然之辭。方命圮族。方命者逆上之命也。圮敗也。族類也。言鯀之爲人悻戾自用。不從上令。與衆不和。傷敗族類也。岳曰异哉。試可乃已。异舉也。言舉而試之。可以治水乃已。勿求其他也。帝曰往欽哉。帝從

衆言。令往治水。敬其事也九載績用弗成。唐虞之時三載一考績九載。三考也。績功也

帝曰。咨四岳。朕在位七十載。堯以十七即天子位。時年八十六矣汝能庸命巽朕位。巽。遜也岳曰。否德忝帝位。否。不德也。忝。辱也曰。明明揚側陋。上明。謂明顯之。下明。謂已在顯位者。揚。舉也。側陋。微賤之人也。言惟德是舉。不拘貴賤也師錫帝曰。師。衆也。錫。與也。有鰥在下曰虞舜。鰥。無妻之名虞。虞氏。舜名也

帝曰。俞。俞。然也予聞如何。言我亦聞此人也。如何者。復問其德之詳也岳曰。瞽子。言舜乃瞽者之子父頑。心不則德義之經爲頑母嚚。母。舜後母也。嚚。義見上象傲。象。舜異母弟傲。驕傲也克諧以孝。諧。和也烝烝乂不格姦。說見前

帝曰。我其試哉。女于時。女。以女與人也觀厥刑于二女。謂觀其所以刑于家者如何也釐降二女于嬀汭。釐。理也。降。下也。嬀。水名。汭。水之內也。舜所

居之地嬪于虞嬪婦也使爲婦于虞氏之家也帝曰欽哉此戒二女之辭使敬其爲婦道也

臣按帝堯始問若時登庸之人而放齊以胤子朱對又問若采之人而驩兜以共工對又問可以治水之人而四岳以鯀對丹朱之慢遊傲虐與共工鯀之凶此不當舉而舉之者也後問可以巽位之人而四岳以舜對此當舉而舉之者也堯於其不當舉者則吁而歎之於朱知其嚚訟於共工知其靜言庸違於鯀知其方命圮族而於其當舉者則俞而然之既問其爲人又妻以

二女方放齊驩兜之舉何異後世庸闇之朝姦邪小人自相汲引者惟堯之明德如日中天萬象畢照片言之發洞中隱微有不能以遁者此其所以爲聖歟然於朱於共工則不用而於鯀則用之者蓋前二者輔相之任所貴者德此則治水之任所取者材鯀雖狠愎自用而以治水言之則未有過之者故卒從衆言而命之此又可見聖人雖智周萬物而不自用其智也至於舜在側微潛德隱行何由徹於廟堂之上而岳言一發堯即然之曰吾固聞之矣然必問其德

之詳而以二女試之又可見聖人之明雖足以知之然猶考之衆言之公試以行事之實故無後世徇名之弊而有爲天下得人之功雖然人主欲以堯爲法將何所用力哉曰明其德而已蓋堯之知人不可學而能堯之明德可以學而至格物致知於天下之理無所疑勝私窒欲於天下之物無所蔽此所以明其德也明其德者知人之本也有天下者可不勉諸

臯陶曰都在知人在安民禹曰吁咸若時惟帝其難之咸皆也若如也時是也言皆如所言雖堯帝亦以爲難故先歎而後言也知人則哲能

官人。哲智者　安民則惠。惠愛也　黎民懷之。懷謂心服也　能哲而惠。何憂乎驩兜。四凶之一　何遷乎有苗。遷徙也。三苗之君。昬迷不恭者也　何畏乎巧言令色孔壬。巧好也。令善也。孔甚也。壬者包藏姦慝之意。說者謂指共工而言。四凶不言鯀者。禹爲親者諱　皐陶曰都。亦行有九德。亦言其人有德。乃言曰載采采。載行也。采事也　禹曰何。問如何謂之九德也　皐陶曰寬而栗。寬洪而莊栗　柔而立。柔順而有植立　愿而恭。愿慤而溫和　亂而敬。有治亂之才而能敬　擾而毅。擾順也。順而果毅　直而溫。正直而溫和　簡而廉。簡約而有廉隅　剛而塞。塞實也。剛健而篤實　彊而義。堅彊而能合義　彰厥有常吉哉。彰顯也。久而不變曰常。吉猶善也　日宣三德。宣達也　夙夜浚明有家。浚治也。家謂大夫　日嚴祗敬六德。亮采有邦。亮明也。采事也。

有邦謂諸侯翕受敷施翕合也九德咸事咸皆也俊乂在官俊賢也。有治人之才曰乂百僚師師百工惟時僚。工。皆官也。僚以人言。工以事言。師師。謂更相師法。惟時。言百工之事。各得其時撫于五辰撫。順也。五辰。四時也。木火金水旺於四時。土寄旺於四季庶績其凝庶。衆也。績。功也。凝者。成而堅定之意

臣按皐陶陳謨于舜以知人安民爲要。禹謂二者雖帝堯且猶難之。蓋知人者。智之事也。安民者。仁之事也。知人則官得其職安民則民懷其惠。合智與仁二者兼盡則雖有姦邪小人。不足畏矣凡姦邪之所以害事者以人君不知其爲姦邪也。苟誠知之。如驩兜未放有苗未竄共工

未流。彼安能肆其惡哉。故深歎其難而不敢易也。皐陶則曰知人誠非易事。然亦不過以德求之而已。有德則爲君子。無德則爲小人。此知人之要也。人之行凡有九德。言人之有德者。必觀其行事如何。蓋德者事之本。事者德之施。徒曰有德而不見之事則德爲虛言矣。此又知人之要也。自寬而栗而下。其目凡九。或以剛濟柔。或以柔濟剛。渾全而無偏弊。然後爲成德。觀其德之成與否而人才之優劣判矣。此又知人之要也。先儒謂自寬至彊。皆所稟之性。自栗至又乃學問之力。此說得之。然有德者又貴乎常而不變。若勉於暫。不能持之久。亦不足以言德矣。故孔子曰。人而無恒。不可以作巫醫。人君能顯用有常之士。則爲國之福。故曰彰厥有常吉哉。以常與不常觀之。其有常者爲君子。不能常者爲小人。是又知人之要也。然人之於九德不能皆全。或有其三。或有其六。惟上所用爾。有三德者日宣達之。無使沈滯。則其人朝夕浚治而光明。可任大夫之職矣。有六德者。日尊嚴而祗敬之。無或忽慢。則其人精明通達。可任諸侯之職矣。

天下未嘗無才。上之人有以淬勵興起之。則下亦澡雪精神以應其求。不然則頽靡昏惰安得有浚明亮采之氣象耶。然三德之爲大夫。六德之爲諸侯。亦言其大法爾。非必以數拘也。天子者。一世人才之宗主也。九德之中苟有其一。皆當兼收竝蓄。分布而用之。使各隨所長而施於事。則百官皆賢而互相觀法。百工皆治而不失其時矣。夫五辰在天。而此以撫言者。天人一本。人事順則天道亦順也。凝者。凝定堅久之謂。成功非難。而堅久爲難。惟衆賢畢用。百職具脩。則其功可以堅久矣。九德之名自臯陶始。其後周公告成王。亦欲其迪知忱恂于九德之行。蓋古之論人者。必貴於有德。後世之主。或以材能取人。而不稽諸德行。故有才無德之小人。得以自售。其不敗事者幾希。臯陶之言。眞萬世知人之法也

子曰。視其所以。所以。所爲也　觀其所由。所由。所從也　察其所安。所安。所存也　人焉廋哉。人焉廋哉　廋。隱也

臣按此聖門觀人之法也。凡人所爲。皆有偶合於善者。必觀其所從來。其爲義邪。爲利邪。若其

本心實主於義則其善出於誠可以爲善矣若
其本心實主於利則其善也非出於誠又安得
爲善乎然有所從雖善而非其心之所安者苟
未能安焉則富貴可以淫貧賤可以移威武可
以屈不能保其常不變也然則若之何爲安曰
猶水之寒猶火之熱自然而不可易猶饑之食
猶渴之飲必然而不可已夫然後謂之安夫以
孔子之聖其於人也以視爲未足而復觀之以
觀爲未足而復察之然後人之情僞不得而隱
况聖未如孔子者可以知人爲易乎雖然視也

觀也，察也。出於我者也。苟我之心未能至公而無私，至明而不惑，其於人之情僞焉能有見乎。以人君言之，一身而照臨百官，正邪忠佞雜然吾前，豈易辨哉。必也淸其天君，如鑑之明，如水之止，以爲臨下燭物之本，然後於人之所由所安，庶乎其得之矣。此又人君所當知也。

子曰：人之過也，各於其黨。黨，類也。觀過，斯知仁矣。過謂失誤也。仁謂本心之德也。

臣按：此亦聖門觀人之法。先儒以爲人之過也，各於其類。君子常失於厚，小人常失於薄。君子過於愛。小人過於忍。以此觀之。則人之仁不仁可知矣。若夫爲人君者。尤當因臣下之過而察其心。如愛君而極諫。不無狂訐之過。要其用心非仁乎。取其仁而略其過可也。愛民而違命。不無矯拂之過。要其用心非仁乎。取其仁而略其過可也。若姦邪之臣。巧於掩覆。未必有過之可指。然其心何如哉。凡此皆觀人之一端。以類求之。莫不然也

子曰。始吾於人也。聽其言而信其行。今吾於人也。聽其言而觀其行。於予與改是

臣按此因宰予晝寢而言。蓋予之爲人能言而行不逮。故孔子自謂始也聽人之言卽信其行。今也聽人之言必觀其行。蓋因予而改此失也家語亦曰。以言取人。失之宰予。夫以孔子之於門人高弟。朝夕與處。其正邪賢否安能逃聖鑒哉。猶必觀其行。而後誠僞可見。況人君之尊。其與臣下接。固有時矣。而欲以一應對之頃。察知其心術。不亦難哉。故敷奏必以言。而明試必以功。此自堯舜以來不易之法也。夫巧言如簧。詩人刺之。利口覆邦。聖人所惡。有言者不必有德

而佞者不知其仁故漢文悅嗇夫之對拜爲上
林令而張釋之爭之以爲絳侯周勃東陽侯張相如
稱爲長者此兩人言事曾不能出口豈效此嗇
夫喋喋利口哉今以其口辯而超遷之臣恐天
下隨風而靡文帝乃止當是時將相大臣皆少
文多質議論務在忠厚恥言人之過失迄成醇
厚之俗其後武帝之於江充唐文宗之於鄭注
皆以應對敏捷悅而信之巫蠱甘露之禍幾至
亡國臣故因宰予之事及之以見聽言觀行之
訓爲不可易也

子游爲武城宰言偃字子游孔子弟子也武城魯邑名子曰女得人焉爾乎曰有澹臺滅明者澹臺姓滅明名行不由徑徑路之小而捷者非公事未嘗至於偃之室也公事如鄉飲鄉射讀法之類

臣按子游以行不由徑非公事不至其室而知澹臺之賢蓋二者雖若細行因而推之行且不由徑其行已也肯枉道而欲速乎非公事且不至其室其事上也肯阿意以求悅乎子游以一邑宰其取人猶若是等而上之宰相爲天子擇百僚人主爲天下擇宰相必以是觀焉可也故王素之論命相欲求宦官宮妾不知名之人而

司馬光之用諫官。亦取不通書問者爲之。必如是。然後剛方正大之士進。而奔競諂諛之風息矣。

子貢問曰。鄉人皆好之。何如。曰。未可也。鄉人皆惡之。何如。曰。未可也。不如鄉人之善者好之。其不善者惡之。

臣按。此論觀人於一鄉者。當如是也。推之於國。於天下。亦莫不然。夫人之善否不同。而好惡亦異。故善者不善之所仇。而不善者亦善人之所弗與也。若人無善否。翕然好之。則是雷同干譽者之所爲。孟子所謂鄉原者也。若人無善否翕然惡之。雖未見所以致之之由。然其人亦可知矣。故必善者好之。不善者惡之。是其制行之美有以取信於君子。而立心之直。又不苟同於小人。則其爲賢者必矣。陳蕃李膺之徒。天下稱其賢。而中常侍目之曰鉤黨。裴度之爲人。天下仰其勳德。而八關十六子輩毁之者百端。此所謂善者好之。而不善者惡之也。然好者雖多。其言未必上徹。惡者雖少。其論常讙於人主之前。所以誣善之言易行。而忠邪每至於易位也。爲人

君者將奈何。曰明四目達四聰使天下公論皆得上聞。而姦邪不得以壅蔽。則是非好惡之實庶乎其不謬矣

子曰。衆惡之。必察焉。衆好之。必察焉

臣按好惡善惡雖人性之本然。而違道之譽求全之毁亦世之所有。故不可以不察也。匡章之不孝人所共稱也。而孟子則曰此父子責善之過爾。非不孝也。仲子之廉亦人所共稱也。而孟子則責其避兄離母之罪。曰此烏能廉哉。是是非非之大致。固若黑白之了然。而其似是而非

似非而是者則常人之所易惑也不有聖賢原情於疑似之中考實於曖昧之際烏能適其當乎自人君言之必如齊威王之烹阿封卽墨然後爲能察是非之實不然則未有不以毀譽而亂眞者

子曰巧言令色鮮矣仁巧好也令善也鮮少也

子曰剛毅木訥近仁剛者堅强也毅者果毅也木者質樸也訥者遲鈍也

臣按巧言令色之人以虛僞勝故鮮仁剛毅木訥之人以質實勝故近仁仁者本心之全德必致知必力行然後能造乎其地豈剛果樸鈍所

能遽得哉。然誠而不僞，質而不華，則其本心未失，於仁爲不遠矣，故曰近仁。若好其言，善其色，致飾於外，求以悅人，則其僞而不誠，華而不實，去本心也遠矣。其能爲仁者幾希。兩章之言實相表裏，由後世觀之，安劉氏者乃惟鈍木彊之周勃，而令色諛言如董賢者卒以禍漢室焉。勃未得爲仁人也，而忠誠徇國，椎一無二，其質近乎仁矣。惜其不學，故止於是焉。若賢則不仁之尤者也。然樸忠之言難合，而巧佞之士易親，故不仁者往往得志於世。治亂存亡，常必由此，嗚

呼人主其亦謹所擇哉

子曰不知言無以知人也

臣按易之大傳曰將叛者其辭慙中心疑者其辭枝吉人之辭寡躁人之辭多誣善之人其辭游失其守者其辭詘此因言觀人之法也爲人君者尤當知之蓋人之將爲惡也必有愧於中故其辭慙見理不明中心眩惑故其辭枝枝謂支離而多端也端良易直之人言不苟發故簡而寡狂妄躁急之人言常輕發故繁而多誣毀善良中懷羞愧故其辭游揚而不確操守不堅

奪於利害。故其辭困屈而易窮。有諸中。必形諸外。不可揜也。故不知言。則無以知人。雖然。緘默不言者有似乎寡。敷陳無隱者亦近乎多。聽言者苟不察焉。則懷姦者得吉士之名。盡忠者入躁人之目。豈不誤哉。惟人君於此知吉人之辭簡而當理。非緘默不言之謂。躁人之辭繁而悖理。非敷陳無隱之謂。於近似之中。察其甚不同。然後爲眞知言者矣。大傳之言。與此章同出於孔子。故倂論焉。

子曰。君子周而不比。小人比而不周。周。普徧也。比。偏黨也。

臣按君子之心與物爲公故周而不比小人之心惟已是私故比而不周

子曰君子懷德（懷思念也）小人懷土君子懷刑小人懷惠

臣按君子所好者善故懷德小人所志者利故懷土君子所畏者法故懷刑小人所徇者利故懷惠懷者常存於心之謂

子曰君子坦蕩蕩（坦平夷也蕩蕩寬廣貌）小人長戚戚

臣按君子安於義理故常坦然有自得之意小人役於物欲故常戚然懷不足之憂

子曰君子成人之美不成人之惡小人反是

臣按君子之心好善故惟恐人之不爲善惡則沮而敗之成人之善則不成人之惡矣成人之惡則不成人之善矣

子曰君子和而不同小人同而不和

臣按君子之於人以可否相濟故和而不同小人之於人以朋比相親故同而不和

子曰君子易事而難說也說之不以道不說也及其使人也器之小人難事而易說也說之雖不以道說也及其使人也求備焉

臣按君子之心平恕故易事其情正大故難說

惟其平恕。故使人各取其所長。小人之心刻劾。故難事。其情偏私。故易說。惟其刻劾。故用人必責其全備

子曰。君子泰而不驕。小人驕而不泰。

臣按。君子循理。故安舒而不矜肆。小人逞欲。故矜肆而不安舒。泰者心廣而體胖。驕者意盈而氣盛

子曰。君子上達。小人下達。

臣按。君子以窮理爲事。故日進乎高明。小人以徇欲爲事。故日究於汙下

子曰。君子求諸己。小人求諸人

臣按。君子自責而不責人。故求諸己。小人責人而不自責。故求諸人。

子曰。君子不可小知而可大受也。小人不可大受。而可小知也

臣按。君子所存者大。故不可以小事測知。而可以當大事。小人局於狹小。其長易見。故不可以任大。而可以小知

子曰。君子喻於義。小人喻於利喻。猶曉也

臣按。義者天理之公。利者人欲之私。君子之心。

惟知有義。故於義見得分明。小人之心惟知有利。故於利無不通曉。自此周而下凡十有一章。皆言君子小人所爲之相反。而其大端不越於公私義利而已。孔子之指。欲學者知君子小人之分。而審其取舍之幾。臣今於此欲人主知君子小人之辨。而致謹於用舍之際。聖人之言蓋無適而不宜也。嗚呼。自昔姦邪小人之所以爲天下禍者雖非一端。然未有不以私與利爲之者。利即私也。私即利也。苟利其身。雖君父之安危弗顧也。苟利其家。雖社稷之存亡弗恤也。然

則人主於平時用舍之際其可不察諸此乎

孟子曰觀近臣以其所爲主觀遠臣以其所主（主猶舉主之主）

臣按君子小人各從其類故近臣而賢必能舉遠臣之賢者遠臣而賢亦必有近臣之賢者以舉之故觀其所舉之賢否則近臣之爲人可知觀其舉者之賢否則遠臣之爲人可知

孟子曰存乎人者莫良於眸子（眸子目之瞳子也）眸子不能掩其惡胷中正則眸子瞭焉胷中不正則眸子眊焉（瞭明也眊不明之貌）聽其言也觀其眸子人焉廋哉

臣按目者精神之所發而言者心術之所形故審其言之邪正驗其目之明昧而其人之賢否不可揜焉此觀人之一法也

魏文侯問置相於李克克曰居視其所親富視其所與達視其所舉窮視其所爲貧視其所不取

臣按文侯問擇相而李克以此五者爲言蓋居而不妄親所親者必賢富而不妄與所與者必當達而不妄舉所舉者必善雖窮困而不爲非義之事雖貧匱而不取非義之財兼此五者非君子不能故可以當大臣宰相之任李克此言

亦庶幾得觀人之要矣是時有魏成者食祿千
鍾什九在外什一在內是以得卜子夏田子方
段干木而進之文侯皆以爲師李克之言雖非
專爲成發然非成莫能當者故文侯卒相之後
之論相者其尚有考焉
以上論聖賢觀人之法臣按朱熹有言知
人之難堯舜以爲病孔子亦有聽言觀行
之戒然嘗思之此特爲小人設耳若皆君
子則何難之有哉蓋天地之間有自然之
理凡陽必剛剛必明明則易知凡陰必柔

柔必闇闇則難測故聖人作易遂以陽爲君子陰爲小人其所以通幽明之故類萬物之情者雖百世不能易也嘗竊推易說以觀天下之人凡其光明正大疏暢洞達如青天白日如高山大川如雷霆之爲威如雨露之爲澤如龍虎之爲猛而麟鳳之爲祥磊磊落落無纖芥可疑者必君子也而其依阿淟涊回互隱伏糾結如蛇蚓瑣細如蟣蝨如鬼蜮狐蠱如盜賊詛祝閃倏狡獪不可方物者必小人也君子小人之

極既定於內則其形於外者雖言談舉止之微無不發見而況於事業文章之際尤所謂粲然者彼小人者雖曰難知而亦豈得而逃哉臣謂熹之言深有得於大易微旨人主以是觀人思過半矣故附著焉

大學衍義卷之十五

故人主以是觀人[illegible]

[illegible]

故人主以是觀人[illegible]

[illegible]

大學衍義卷之十六

宋　學士　眞德秀　彙輯

明　史官　陳仁錫　評閱

格物致知之要二

辨人材

帝王知人之事

漢高帝疾甚。呂后問曰。陛下百歲後。蕭相國既死。誰令代之。上曰。曹參可。問其次。曰。王陵可。然少戇。少者。多少之少。戇謂愚而直也。言陵之爲人稍愚直也。陳平可以助之。陳平知有餘。然難獨任。周勃重厚少文。然安劉氏者必勃也。可令

爲太尉呂后復問其次上曰此後亦非乃所知也

惠帝二年蕭何薨曹參代何爲相國舉事無所變更一遵何之約束爲相三年百姓歌之曰蕭何爲法較若畫一曹參代之守而勿失載其清淨民以寧壹

臣按此以參代何之驗

五年曹參薨明年以王陵爲右丞相陳平爲左丞相周勃爲太尉此盡用高帝垂沒之言也七年惠帝崩太后臨朝稱制高后元年議立諸呂爲王問右丞相陵陵曰高帝刑白馬盟曰非劉氏而王天下共擊之今王呂氏非約也太后不說問平勃平勃對曰可太后喜罷朝陵

鐵筆

不可則止陵古大臣也

士豫附必不可少故

讓平勃曰始與高帝啑血盟諸君不在邪今王呂氏何面目見高帝於地下乎平勃曰面折廷爭臣不如君全社稷安劉氏君亦不如臣漢初承戰國餘習臣下相謂亦曰君臣陵無以應之不伸已之是所見大矣太后以陵爲太傅實奪之相權陵遂病免歸

臣按陵之爭王諸呂戇也平不爭而許之智也

七年諸呂擅權用事陳平患諸呂力不能制嘗燕居深念陸賈見平曰天下安注意相天下危注意將將相和調則士豫附士豫附則天下雖有變權不分更須不露形迹爲妙史稱黃金爲壽眞淺矣君何不交驩太尉平用其計兩人深相結呂氏謀益衰

此二語是致知在格物註

臣按平非勃不能獨濟大事此難獨任也

八年太后崩諸呂欲爲亂當是時趙王呂祿梁王呂（太后未崩諸呂不敢亂此其賢于則天處）産將兵居南北軍太尉勃不得入中軍主兵酈商子寄與呂祿善絳侯乃與丞相平謀使人刼酈商令其子寄紿說呂祿呂祿歸將印以兵屬太尉太尉遂將北軍然尚有南軍丞相平乃召朱虛侯章佐太尉太尉遂誅諸呂立文帝

臣按此安劉必勃之驗也高帝論蕭曹平勃諸人考其始終無一或差者蓋帝之性既明達而又更事履變之久其於羣臣之材行皆嘗斟酌

而剸量之故所以爲後人計者幾無遺策後之論者以知人善任使稱之信矣若繼世之君不若帝之明達又不若帝更嘗之多苟能躬覽萬機以究事情之利害日接羣臣以察人材之長短若漢宣帝聽政之日令丞相以下各奉職而進明陳其職以考功能是亦知人之方也若夫深居高拱於事未嘗有裁決之勤淵默寡言於人未嘗有叩擊之素舍功能之實信毁譽之偏而欲用舍之間各當其任難矣故人主上必如堯次必如高帝又其次必如孝宣庶幾可語知

人之事不然非所聞也

孝文帝後元六年匈奴入上郡雲中所殺略甚衆以周亞夫爲將軍次細柳劉禮爲將軍次霸上徐厲爲將軍次棘門以備胡上自勞軍至霸上及棘門軍直馳入將以下騎送迎已而之細柳軍軍士吏被甲鋭兵刃彀弓弩持滿（彀張也）先驅至不得入曰天子且至軍門都尉曰軍中聞將軍令不聞天子之詔居無何上至又不得入上乃使使持節詔將軍吾欲入營勞軍亞夫乃傳言開壁門天子按轡徐行至營亞夫持兵揖曰介胄之士不拜請以軍禮見天子爲動改容

式車使人稱謝皇帝敬勞軍成禮而去上曰嗟乎此眞將軍矣曩者霸上棘門若兒戲耳其將固可襲而虜也至於亞夫可得而犯邪稱善者久之月餘匈奴遠塞漢兵罷乃拜亞夫爲中尉

孝景帝二年吳楚等七國皆反初文帝戒太子曰郎有緩急周亞夫眞可任將兵及七國反上乃拜亞夫爲太尉將三十六將軍往擊吳楚凡三月皆破滅三年以亞夫爲丞相其後上廢栗太子亞夫爭之不能得上由此疏之

竇太后言皇后兄信可侯上與丞相議亞夫曰高皇

不可則止

帝約非劉氏不王非有功不侯今信雖皇后兄無功
侯之非約也帝默然止其後匈奴王徐盧等六人降
帝欲侯之以勸後亞夫曰彼背其主降陛下陛下侯
之何以責人臣不能守節者乎帝曰丞相議不可用
乃悉封徐盧等爲列侯亞夫因謝病免
後元年帝居禁中召亞夫賜食獨置大胾無切肉又
不置箸亞夫心不平顧謂尚食取箸上視而笑曰此
非不足君所乎亞夫免冠謝因總出上目送之曰此
鞅鞅非少主臣俄以事下吏獄吏以反誣之亞夫不
食死

臣按人之度量相去豈不遠哉方亞夫之軍細柳也持軍之嚴雖人主無所屈文帝乃以是知之曰緩急眞可將也其後作相因事數諫積忤上心景帝以是疑之曰鞅鞅非少主臣也細柳之事倘在孝景時則亞夫必以傲上誅尚何兵之可將使其得相文帝盡忠論諫則必以社稷臣目之二帝之度量相去不同如此其所以然者文帝不以拂己爲忤景帝專以適己爲悅故也故人君欲眞知臣下之賢否其必自去私意始

漢武帝末。以霍光爲大司馬大將軍。金日磾爲車騎將軍。上官桀爲左將軍。受遺詔輔少主。是爲昭帝。又以桑弘羊爲御史大夫。其後桀父子與光爭權。燕王旦自以帝兄不得立。常懷怨望。及弘羊建造酒榷鹽鐵。爲國興利。伐其功。欲其子弟得官。亦怨恨光。於是桀等皆與旦通謀。且詐令人爲燕王上書。言光出都肄郎羽林。（肄。試也。郎羽林者。宿衛之士。都肄。猶言大閱也。）道上稱䟆。（道。路也。天子出稱警。入稱䟆。此言光僭。）又擅調益幕府校尉。（調益。謂增置也。校尉。幕府之屬也。）光專權自恣。疑有非常。臣旦願入宿衛。察姦變。候司光出沐日奏之。（司與伺通用。出沐。謂休沐也。）桀欲從中下其事。弘

識桀訐更善抑光以

革當與諸大臣共執退光書奏帝不肯下明旦光聞之不入上問大將軍安在桀對曰以燕王告其罪故不敢入有詔召大將軍光入免冠頓首謝上曰將軍冠朕知是書詐也將軍無罪光曰陛下何以知之上曰將軍之廣明都郎近耳廣明地名都郎即前都都試郎羽林也調校尉以來未能十日燕王何以得知言燕去京師遠十日內事燕王何由便知且將軍爲非不須校尉言將軍大權在手若欲爲非不須增置校尉方可舉事也時帝年十四尚書左右皆驚而上書者果亡亡謂逃亡也捕之甚急桀等懼白上小事不足遂謂不須窮竟也上不聽後桀黨有譖光者上輒怒曰大將軍忠臣先帝所屬

全光愈不可及矣

以輔朕身。敢有毀者坐之。自是桀等不敢復言

唐李德裕論曰。人君之德莫大於至明。至明以照姦。則百邪不能蔽矣。漢昭帝是也。周成王有慚德矣。成王聞管蔡流言。使周公狼跋而東。所謂執狐疑之心。來讒賊之口。使昭帝得伊呂之佐。則成康不足侔矣

臣按武帝託孤於霍光善矣。而又參之以上官桀桑弘羊。是知人之明有愧於高帝也。桀等皆姦邪嗜利之徒。外交藩王而內結貴主。非昭帝天性夙成。能知光爲忠臣而保持之。使桀等得

志其禍可勝言哉是昭帝知人之明及過於孝武也然孝武不立燕廣陵（燕王旦廣陵王胥）而立昭帝是明於知子不屬田千秋輩而屬霍光是明於知臣而乃失之桀等者桀以諂進弘羊以利合故也傳曰播糠眯目天地爲之易位故人君必先正其心不爲諂惑不爲利動然後可以辨羣臣之邪正矣

唐明皇之在蜀也（天寶十四載安祿山反明皇幸蜀）給事中裴士淹以辯學得幸時肅宗在鳳翔每命宰相輒啓聞及房琯爲將帝曰非破賊才也若姚崇在賊不足滅至宋

璟曰彼賣直以取名爾因歷評十餘人皆當至李林甫曰是子妬賢疾能無與比者士淹曰陛下誠知之何任之久帝默不應

臣按明皇之爲人也異哉以爲闇邪則其評房琯評姚崇評李林甫何其言之當也以爲明邪則其評宋璟抑何言之戾也璟之忠誠端亮爲開元輔相第一帝乃以賣直取名目之蓋璟以直道事君屢拂上意故一斥不復用至是猶有餘怒焉若林甫之妬賢疾能帝非不知者而乃用之終其身由璟不苟合林甫苟合故也然則

人主一有好同惡異之心。則私意行而賢否亂
雖有英明之資。卒蹈闇繆之失。如明皇者。豈可
不戒也哉

唐德宗時。濠泗觀察使。杜兼惡幕僚李藩。誣奏藩搖
動軍情。上大怒。召詣長安。望見藩儀度安雅。乃曰。此
豈爲惡者邪。擢秘書郎。藩後事憲宗。爲元和賢相

臣按。德宗知人之明。最爲所短。故於盧杞則不
覺其姦邪。於姜公輔則疑其賣直。李晟之勳。陸
贄之忠。則疎斥之。擯廢之。裴延齡之欺罔。韋渠
牟之躁劣。則親信之。寄任之。以佞爲忠。以直爲

狂未有甚焉者也。顧能於舉目之頃而識李藩。蓋當是時未有私見之汨故也。若盧杞姜公輔諸人。則有愛惡之私焉。故識鑒之昏明若是其異也。傳曰。公生明。偏生闇。使德宗持心之平。無所適莫。常如見李藩之時。則於諸臣之邪正。必不至易位矣。後之人主。可不戒諸

憲宗元和中。裴度平蔡。還知政事。程异皇甫鎛以言財利幸。嘗論臣事君當勵善底公。朕惡夫植黨者。度曰。君子小人。以類而聚。未有無徒者。君子之徒同德。小人之徒同惡。外似中實遠。在陛下觀所行則辨。帝

曰言者大抵若是朕豈易辨之度退喜曰上以爲難辨則易上以爲易辨則難君子小人行判矣已而卒爲异鎛所構出爲河中節度使

臣按憲宗剛明果斷能用忠謀不惑羣議以建中興之烈是豈不知人者蔡功旣成侈心遂熾於是正邪始易位矣由异鎛輩善於治財有以供其侈用故也傳曰利令智昏信哉不然則以裴度之堂堂忠節視异鎛輩之瑣瑣姦諛雖不辨白黑者亦能知其爲正邪之分也天資如憲宗猶以利欲掩其明是故人君不可無正心之

學

武宗即位以李德裕爲門下侍郎平章事德裕入謝言於上曰致理之要在於辨羣臣邪正二者勢不相容正人指邪人爲邪邪人亦指正人爲邪人主辨之甚難臣以爲正人如松柏特立不倚邪人如藤蘿非附他物不能自起故正人一心事君而邪人競爲朋黨先帝深知朋黨之患而所用皆朋黨之人良由執心不定故姦邪得乘間而入也

黨贊皇殊未超然

不言更可息

臣按德裕在文宗朝與李宗閔迭爲宰相而德裕卒爲宗閔所傾以文宗不能辨邪正也及相

武宗深陳二者之辨而武宗能聽之故德裕得效其忠謀會昌之功幾於元和由武宗能辨其邪正故也德裕松柏藤蘿之辨此善喻也蓋正人以直道自將雖於人主猶無所容悅況肯他有依憑以進乎邪人以枉道求合故權臣用事則附權臣近習得志則附近習妃嬪有寵則附妃嬪卑猥鄙賤無所不至德裕此言足以判正邪之情狀矣近世名臣張浚又推而廣之以爲不私其身慨然以天下百姓爲心此君子也謀求之計甚密而天下百姓之利害我不顧焉此

小人也志在於爲道不求名而名自歸之此君子也志在於爲利掠虛美邀浮譽此小人也其言之剛正不撓無所阿徇此君子也辭氣柔佞切切然伺候人主之意於眉目顏色之間此小人也樂道人之善惡稱人之惡此君子也人之有善必攻其所未至而掩之人之有過則欣喜自得如獲至寶旁引曲借必欲開陳於人主之前此小人也臣嘗以此而求之君子小人之分庶幾其可以槩見矣臣謂人主欲知羣臣之邪正惟以德裕浚之言參而考之則亦何難辨之

有然德裕所謂邪人競爲朋黨獨不思君子其無同類矣乎或以朋黨議我矣必如裴度曰君子之徒同德小人之徒同惡則爲得之此德裕之所以不及度也

以上論帝王知人之事

大學衍義卷之十六

大學衍義卷之十七

宋 學士 眞德秀 彙輯

明 史官 陳仁錫 評閱

格物致知之要二

辨人材

姦雄竊國之術

春秋傳晉魏絳曰。晉。國名。魏絳。晉大夫。昔有夏之方衰也。后羿自鉏遷于窮石。后羿。夏諸侯。鉏及窮石。皆地名。因夏民以代夏政。禹孫太康淫放失國。夏人立其弟仲康。仲康亦微弱。仲康卒。子相立。羿遂代相。號曰有窮。恃其射也。羿善射。不脩民事而淫于原獸。淫。放。原。野。棄武羅伯因熊髡尨圉。四子皆羿之賢臣而用寒浞。寒浞，伯明氏之讒子弟也。伯明后寒棄之，夷羿收之。夷，氏。信而使之，以爲己相。浞行媚于內，內宮人。而施賂于外，愚弄其民，而虞羿于田，樂之以遊田。樹之詐慝，以取其國家，外內咸服。信浞詐。羿猶不悛。悛，改也。將歸自田，家衆殺而烹之。家衆，寒浞之私黨也。烹，鬻也。殺羿而鬻食之也。浞因羿室。就其妃妾。

臣按：自古姦臣欲盜其君之國，非挾宮闈之助，合左右之交，則不能獨爲。故寒浞之相羿也，行媚於內，而施賂於外，內外盤結，無一發其姦者，然後得以愚弄上下，而恣其所欲爲，使羿無從禽之荒。則玆心未惛。猶有時而覺也。故又慮羿于田。使之馳騁弋獵。以汩亂其精神。顛倒其志慮。於是詐慝之謀得立。而取羿之國。戕羿之身。若反手然。當有夏之時。風俗淳質。已有巧於篡盗如寒浞者。況後世哉。是以虞周君臣更相勑戒曰。無逸游。無躭樂。以此爲防。後世猶有湛音耽于酒色而舉國授人如漢成帝者

史記。漢司馬遷所作齊世家。齊世家紀齊國之事也田乞事齊景公爲大夫。其收賦稅於民。以小斗受之。其粟與民以大斗。行陰德於民。而景公弗禁。由此田氏得齊衆心。宗族

惟其言近似故竊權廓甚

益彊。晏子數諫。公弗聽。景公有寵姬。生子荼。景公病。命其相國惠子。高昭子。立荼爲太子。景公卒。兩相立荼。是爲晏孺子。田乞不說。遂立景公他子陽生。而殺晏孺子。專齊政。乞卒。諡釐子子常立。復脩釐子之政。以大斗出貸。以小斗收。執其君簡公而弒之。立簡公弟。是爲平公。田常言於平公曰。德施人之所欲。君其行之。刑罰人之所惡。臣請行之。行之五年。齊國之政皆歸田常。常於是盡誅鮑晏監止。鮑晏監三氏。皆齊大家及公族之彊者。而割齊自安平以東至琅琊。安平琅琊。皆邑名自爲封邑。封邑大於平公之所食。常卒。諡成子子盤立。使其

兄弟宗人盡爲齊都邑大夫。盤之孫田和。乃遷其君康公於海上。食一城以奉其先祀。和立爲齊侯

臣按左氏傳載晏子對景公。畧曰陳氏雖無大德。而有施於民。（田氏本出於陳。故又曰陳氏）豆區釜鍾之數。其取之公也薄。其施之民也厚。公厚斂焉。陳氏厚施焉。民歸之矣。後世若少惰。陳氏而不亡。則國非其國也。公曰善哉。是可若何。對曰唯禮可以已之。在禮家施不及國。大夫不收公利。公曰善哉。我不能矣。史記所謂晏子諫而公不聽者此也。方田氏之初。不過以小惠市於國人而

已使景公用晏子之言。脩明君臣上下之禮。使惠施出於上而下不得私。利權歸於上而下不得擅。則大分明而人心一。雖百田氏其能竊國乎。景公乃善之而不能用。在公則厚斂焉。田氏則厚施焉。是驅其人而歸之也。景公既沒。於是田乞因主少國疑之際。得以擅廢立之權。而國之大柄在其掌握矣。及田乞死而常代立。既專惠施以作福。又專刑罰以作威。於是弒君而人莫敢討。世臣公族以次揃滅。而人莫敢問。越再世卒有齊國。亦云晚矣。易曰。臣弒其君。子弒其父非一朝一夕之故其所由來者漸矣由辯之不早辯也田氏之禍在景公世猶可爲也及其旣久則不可爲矣蓋其漸之不圖而早之不辯至於篡奪勢之已成孰得而遏之哉漢人有言權臣易世則危蓋言顓國之久則其權不可收其勢不可制必至於危也故田乞之後有田常遂以代齊季宿之後有意如亦以擅魯季武子名宿其子季平子名意如逐昭公至於鳳莽操丕之於漢王鳳專政歷五侯至從子莽篡位曹操專政至子丕篡位是爲魏文帝懿師昭炎之於魏司馬懿始專政其子師繼之師弟昭遂封晉王昭子炎篡位是爲武帝皆以其漸取之

推原本末由其不早辨故爾然則人主其可一
日失其操柄也哉

秦昭王子安國君爲太子安國君有子二十餘人其愛姬華陽夫人無子夏姬之子子楚爲秦質子於趙趙不甚禮子楚子楚居處困不得志陽翟大賈呂不韋賈邯鄲見之曰此奇貨可居乃往見請以千金西游事安國君及華陽夫人立子楚爲適嗣子楚曰必如君策請得分秦國與君共之不韋乃以五百金與子楚爲進用結賓客復以五百金買奇物玩好自奉而西游秦求見華陽夫人姊而以其物獻華陽夫人因

言子楚賢智結賓客徧天下常曰楚也以夫人爲天日夜泣思太子及夫人夫人大喜不韋因使其姊說夫人請立子楚以爲嗣安國君許之乃與夫人刻玉符約以爲適嗣而請呂不韋傅之不韋取邯鄲諸姬絶好善舞者與居知有身子楚從不韋飲見而說之因起爲壽請之不韋怒念已破家爲子楚乃遂獻其姬姬自匿有身至大期時生子政子楚遂立姬爲夫人昭王薨安國君立爲王華陽夫人爲王后子楚爲太子秦王立三日薨謚孝文王子楚立是爲莊襄王以不韋爲丞相封文信侯莊襄王立三年薨太子政

爲王尊不韋爲相國稱仲父秦王年少太后時時私竊通不韋後始皇帝壯不韋事發誅

臣按呂不韋非直大賈蓋大盜也方其見子楚曰奇貨可居固料己之能使子楚得國又能移子楚之國爲己之國矣其捐千金也非輕利也謂其利有百乎此也其獻姬也非能割己之欲也謂其所欲有萬乎此也史稱子楚之請姬也不韋怒旣不獲已與之夫不韋不出他姬而飲子楚而以娠者飲子楚固知其見而悅悅而請請而與之則異時得國者吾之子也其獻也所

欲而非强也其怒也僞而非情也包藏深而布
置遠非獨于楚不能察雖後之作史者猶莫之
察也且孝文之立三日而薨莊襄之立三年而
薨豈其偶然邪抑必有其故矣夫以不韋之智
巧能使子楚外入超在內二十餘公子而得國
安知其不能速二君之死而趣立其子乎子政
立則嬴氏之國轉而呂氏有矣蓋自子楚之嗣
至此不二十年而呂氏得國故先儒以謂始皇
既立伯翳之祀已絕史氏紀錄宜曰後秦可也
秦自孝公以至昭王國勢日益雄張嘗合五國

之師百萬之衆攻之而不能克而不韋以一女子從容談笑奪其國於袵席間故曰不韋非獨大賈蓋大盜也其後楚相黄歇亦先納李園之妹娠而獻之君生子爲太子遂以黄代芈其竊國之術與不韋同然二人卒以是自族果何益哉臣今列此於篡臣之篇者欲人君知姦臣用智之可畏謹毋以色而傾其國也噫

漢王莽孝元皇后之弟子也莽羣兄弟皆乗時侈靡以輿馬聲色佚游相高莽獨折節爲恭儉成帝封莽爲新都侯遷騎都尉光祿大夫侍中宿衛謹勑爵位

益尊。節操益謙。散輿馬衣裘振施賓客。收贍名士。交結將相卿大夫甚衆。故在位更推薦之。游者爲之談說。虛譽隆洽。傾其諸父矣。敢爲激發之行。處之不慙恧。（恧，愧也。）後大司馬曲陽侯根薦莽自代。上遂擢爲大司馬。莽既拔出同列。繼四父而輔政。（鳳、商、立、根四人皆爲大司馬，而莽之諸父也。）欲令名譽過前人。遂聘諸賢良以爲掾史。賞賜邑錢盡以享士。哀帝即位。以爭傳太后稱尊號事。遣就國。

臣按。此莽飾僞釣名之始也。然當是時。豈必遽有篡志哉。履霜之不戒。則其漸必至於堅冰。是

以聖人畏諸

哀帝崩無子。太皇太后召莽拜爲大司馬迎中山王爲後。是爲平帝。時年九歲。太后臨朝稱制。委政於莽。莽以大司徒孔光名儒相三主。太后所敬。於是盛尊事光。引光女壻甄邯爲侍中。諸哀帝外戚及大臣居位素所不說者。莽皆傅致其罪。傳讀曰附。附益而爲引致之。令入於罪。請奏。令邯持與光。光素畏謹。不敢不上之。莽白太后輒可其奏。於是附順者拔擢。忤恨者誅滅。王舜王邑爲腹心。甄豐甄邯主擊斷。平晏領機事。劉歆典文章。孫建爲爪牙。莽色厲而言方。外示勁厲之色。而假爲方直之言欲有所爲。微見風采。黨與承其指意而顯奏之。莽稽首涕泣。固推遜焉。上以惑太后。下以示衆庶。

臣按。此莽得權用事之始也。故其情狀浸與昔異。其推尊孔光。以其有重名而易制也。名重則可以欺天下。易制則不妨巳之權。而可以行巳之志。前則霍光之於蔡義。後則伾文之於杜佑。其術略同。自色厲言方以下。史氏所以狀莽之情態也。孔子以色厲內荏爲穿窬之盜。蓋外爲剛勁之色。而中實陰柔。所以欺世盜名也。莽之竊國。蓋用此術。欲有所爲。微示風指。及其得請。

則涕泣固辭。姦僞至此。雖明君未能遽察。況易欺之母后。與易惑之衆庶乎。其潛移漢鼎宜矣

始風益州。令塞外蠻夷獻白雉。莽白太后以白雉薦宗廟。羣臣因奏莽功德。致周成白雉之瑞。宜賜號安漢公。莽上書讓。不聽。又固辭。羣臣復上言。宜以時加賞。太后下詔益封莽二萬八千戶爲太傅。賜安漢公。於是莽爲惶恐不得已而起受策。又讓還益封爵邑

臣按此莽居攝之漸也。安漢之稱。用周公故事也。既如周公之稱公。亦可如周公之居攝矣

莽欲專斷。知太后厭政。乃風公卿奏言太后不宜親

省小事。令太后下詔。自今封爵乃以聞。他事安漢公四輔平决。權與人主侔矣

臣按此莽奪國之漸也。凡姦臣之欲奪國。必先顓國。顓則惟吾之所欲爲。雖奪人之國。莫與爭者矣

莽念中國已平。唯四夷未有異。乃遣使者齎金幣重賂匈奴單于。使上書。聞中國譏二名。故名囊知牙斯今更名知。慕從聖制。所以誑耀媚事太后。下至旁側長御。其故萬端 旁側長御。謂太后宮中諸妾御也

臣按莽於元后爲近親。自足以得其意矣。而猶

必事旁側長御者此寔浞行媚於內之故智也
姦賊之心所以彌縫上下者其密如此

莽既尊重欲以女配帝爲皇后以固其權奏言長秋宮未建請考論五經定娶禮正十二女之義以廣繼嗣博采二王後及周公孔子世列侯在長安者適子女（適讀曰嫡謂妻所生也）事下有司上衆女名王氏女多在選中者莽恐其與己女爭即上言身無德子材下不宜與衆女竝采太后以爲至誠乃下詔王氏女朕之外家其勿采庶民諸生郎吏以上守闕上書及公卿大夫咸言安漢公盛勳堂堂如此今當立后奈何廢公

女願得公女爲天下母。莽遣長史以下分部曉止。而上書者愈甚。太后不得已。聽采莽女。莽復自白。宜博選衆女。公卿爭不宜采諸女以貳正統。莽女遂立爲后。後又采伊尹周公稱號。加莽爲宰衡。位上公

臣按。莽既顓國柄。又求爲后父。則其尊莫與匹矣。然委虵曲折。備極姦僞之態。若不得已而後受焉。自是身爲宰衡。女配宸極。朝廷宮省之權一出於巳。於奪國也何有。其後曹操將篡漢。亦殺伏后而立其女。隋楊堅以后父而取後周之天下。大抵類此

是歲莽奏起明堂辟雍靈臺爲學者築舍萬區徵天下通一藝以上皆詣公車網羅天下異能之士至者前後千數

臣按莽將簒漢故爲此以要譽於天下之士非眞有意育材致賢爲國家計也

羣臣奏言宰衡位宜在諸侯王上詔曰可其議九錫之法遂加九命之錫（九錫者車馬衣服樂垂朱戶納陛武賁鈇鉞弓矢距鬯）

臣按九錫者天子之禮也齊桓晉文有功於周室所錫者二三而已今莽備之是乃居攝卽眞之漸也其後人臣將篡者必先加此蓋皆用莽

故事云

莽先所白遣風俗使者八人還詐爲郡國造歌謠頌功德凡三萬言泉陵侯劉慶言周成王幼小稱孺子周公居攝今帝富於春秋宜令安漢公行天子事平帝崩莽酖之也莽選宣帝玄孫中最幼子嬰年二歲託以卜相最吉是月前輝光謝囂奏武功長孟通浚井得白石有丹書文曰告安漢公莽爲皇帝符命之起自此始莽使羣公以白太后曰莽非有他但欲稱攝以重其權塡服天下耳太后許之乃令居攝踐阼如周公故事明年改元居攝立嬰爲皇太子號曰孺子後

又稱符命即眞天子位定有天下之號曰新云班固贊曰王莽始起外戚折節力行以要名譽及其居位輔政成哀之間勤勞國家動見稱述豈所謂色取仁而行違者邪莽既不仁而有佞邪之材又乘四父歷世之權遭漢中微國統三絶而太后壽考爲之宗主故得肆其姦慝以成簒竊之禍及其竊位南面處非所據顛覆之埶險於桀紂而莽晏然自以爲黄虞復出也迺始恣睢奮其威詐滔天虐民窮凶極惡毒流諸夏亂延蠻貊自書傳所載亂臣賊子無道之人考其禍敗未有如莽之甚者也

臣按班固所評可謂盡莽之情狀矣然嘗論之莽之姦僞固足以欺天罔人然使成帝不任外戚以政而元后不私外家以權則莽雖挾材任數方陳力奔走之不暇何惡之能爲故莽之至此者成帝元后之罪也雖然豈獨莽哉前而田常後而操懿姦則姦矣使人主能慎履霜之戒而不失馭臣之柄則皆當時之能臣也嗚呼有天下者其可不防其漸

以上論姦雄竊國之術臣按古今簒臣多矣而獨載此四人者以其姦謀詭計最巧

且密故也。若曹操之篡漢，則因討賊而顓兵柄；司馬懿之篡魏，則因受遺而盜國柄。其後劉裕之篡晉也似操，楊堅之篡周也似懿。是數人者，皆以虎豹之暴刼取神器，其情狀爲易知。而此四人者，其狡如兎，其媚如狐，其陰中人如鬼蜮，其居膏肓之間如二竪子，能使人主陰授以國而不知，其情狀爲難察。臣故略其易知者，而著其難察者，欲有天下者開卷瞭然，如見九鼎而識魑魅罔兩之形，圖之於未然，杜之於未

光。庶乎竊國之姦不得而逞矣。嗚呼艱哉

大學衍義卷之十七

戊午八月二十六日一覧如來　林學士

◎

大學衍義

十八之廿二

大學衍義卷之十八

宋　學士　眞德秀　彙輯

明　史官　陳仁錫　評閱

格物致知之要

辨人材

憸邪罔上之情 姦臣

秦二世立以趙高爲郎中令。高宦者常侍中用事。二世燕居。召高謀曰。人之居世間。猶騁六驥過決隙也。吾欲悉耳目之所好。窮心志之所樂。以終吾年壽可乎。高曰。此賢主之所能行。而昏亂主之所禁也。夫沙丘

本爲商逸樂而至殺僇何毒也

之謀諸公子及大臣皆疑焉而諸公子盡帝兄大臣又先帝之所置也今陛下初立此皆怏怏不服恐爲變陛下安得爲此樂乎二世曰爲之奈何高曰嚴法而刻刑令有罪者相坐誅至收族滅大臣而遠骨肉貧者富之賤者貴之盡除去先帝之舊臣更置陛下所親信者如此則害除而姦謀塞陛下安枕肆意寵樂矣二世然之乃更爲法律羣臣諸公子有罪輒下高令鞫治之殺大臣蒙毅等公子十二人僇死咸陽

山東之衆○秉○其○在○廷○危○

市財物入縣官法令誅罰日益刻深羣臣人人自危

○疑○非○尊○爲民怨

欲畔者衆於是楚戍卒陳勝吳廣等作亂起於山東

傑俊相立爲侯王叛秦

臣按姦臣之將盜有其國也必先以荒昏淫樂蠱其君之心術然後已之志得行趙高之於二世欲有以蠱之久矣一聞恣耳目窮心志之問即深贊之曰此明主之所能行而昏主之所禁也夫兢兢業業無遊無逸者堯舜之行也荒湛于色淫酗于酒者桀紂之行也高言悖道反易昏明本不難照蓋高之心欲二世盡除先朝舊人而專政於已故因其問而極言勸誘之夫深刑峻法翦滅大臣宗室高之所自便也安枕肆

意於淫樂此二世之所喜聞也中其主之所喜以伸巳之所便故高言一進如石投水卒之刑戮蕃而懟畔起二世之身且岌岌然猶燕巢幕安枕之樂果何在哉二世既以此敗亡世之人遂以高言爲鉤吻烏喙必殺人之物然憸邪之臣以此蠱其君昏亂之主以此覆其國者相踵也是明知其爲鉤吻烏喙必殺人之物而甘心嗜之不厭也嗚呼悲夫

李斯數欲請諫二世不許而責問斯曰彼賢人之有天下專用天下適已而已矣吾欲肆志廣欲長享天

下而無害爲之柰何李斯子由爲三川守羣盜略地過去莫能禁使者覆案三川相屬誚讓斯居三公位如何令盜如此李斯恐懼重爵祿不知所裁乃阿二世意欲求容以書對曰夫賢主者必能行督責之術者也督責之則臣不敢不竭能以徇其主矣申子曰有天下而不恣睢恣縱也睢仰目貌命之曰以天下爲桎梏者無他焉不能督責顧以其身勞于天下之民若堯禹然故謂之桎梏也夫不能修申韓之術行督責之道專以天下自適而徒務苦形勞神以身徇百姓則是黔首之役非畜天下者也商君之法刑棄灰于道

孰能外此

者。夫棄灰薄罪也。而被刑重罰也。唯明主爲能深督
輕罪。夫罪輕且督深。況有重罪乎。故民不敢犯也。且
夫儉節仁義之人立於朝。則荒肆之樂輟矣。諫說論
理之人間於側。間去聲廁也。則流漫之志詘矣。烈士死節
之行顯于世。則淫康之虞廢矣。虞與娛同故明主能外此
三者。而獨操主術以制聽從之臣。故身尊而勢重也。
書奏。二世悅。於是行督責益嚴。稅民深者爲良吏。刑
者相半於道。而死人日積於市。殺人衆者爲忠臣。二
世曰。若此可謂能督責矣。

臣按二世之問李斯。即前之所以問趙高者也

但謂秦二世而亡不知姦臣所以亡國者如此其不易

而斯所進說更甚於高。排堯禹而進申商。於是督責之法行。而人無容足之地矣。舉天下之人無所容足。而爲人君者。欲偃然自肆於上。有是理哉。臣謂斯高之言。皆斲喪秦室之斧斤。後世人主不可以不察。

趙高所殺及報私怨衆多。恐大臣奏事毀之。乃說二世曰。天子所以貴者。但以聞聲。羣臣莫得見其面。故號曰朕。且陛下富於春秋。未必盡通諸事。今坐朝廷譴舉有不當者。則見短於大臣。非所以示神明於天下也。且陛下深拱禁中。與臣及侍中習法者待事。事來有以揆之。如此則大臣不敢奏疑事。天下稱聖主矣。二世用其計。乃不坐朝廷。見大臣居禁中。事皆決於高。

臣按自昔忠臣欲其君之賢且明者。必勸之以躬攬萬機。日臨羣臣。如太陽之燭萬物。輝光所發。無所不被。然後已得以輸其忠誠而措天下於安。自昔姦臣欲其君之愚且闇者。必勸之以深居宮省。託耳目於左右之便嬖。而下情之隱伏。政令之得失。一無所覩。然後已得以肆其姦慝。而擠天下於亡。忠臣姦臣之分。亦觀於是而

與之交未有不痛受害者可爲殷鑒

已矣。

高聞丞相斯以爲言。乃見斯曰。關東羣盜多。今上急益發繇治阿房宮。聚狗馬無用之物。臣欲諫。爲位賤此眞君侯之事。君何不諫。斯曰。吾欲言之久矣。上不坐朝。居深宮。欲見無間。間音閑。謂無事時也。高曰。君誠能諫。請爲君候上間語君。於是趙高待二世方燕樂。婦女居前使人告斯。上方間可奏事。丞相至宮門。上謁如是者三。二世怒曰。吾常多間日。丞相不來。吾乃燕私。丞相輒來請事。丞相豈少我哉。少我。謂以我年少而相輕也。趙高因曰。沙丘之謀。丞相與焉。今陛下立爲帝。而丞相貴不益此其意欲望裂地而王矣且丞相男李由爲三川守楚盜陳勝等皆丞相旁縣子過三川城守不肯擊高聞其文書相往來且丞相居外權重於陛下二世以爲然乃使人案驗三川守與盜通狀李斯聞之是時二世在甘泉方作觳抵優俳之觀（觳音角）斯不得見因上書言高有邪泆之志危反之行陛下不圖臣恐其爲變二世信高恐斯殺之乃私告高高曰丞相所患者獨高高死丞相卽欲爲田常所爲於是二世以斯屬郎中令高案治斯斯與子由謀反狀搒掠千餘不勝痛自誣服斯從獄中上書高使吏棄去不奏曰因

安得上書。高使其客十餘輩。詐爲御史謁者侍中。更往覆訊斯。斯以實對。輒復掠之。後二世使人驗斯。斯不敢更言。辭服。奏當上。二世喜曰。微趙君幾爲丞相所賣。二年。具斯五刑。腰斬咸陽市。斯已死。二世拜高爲中丞相。事無大小。輒决於高。

臣按。此趙高誘斯而陷之也。斯之姦詐。豈下於高者。且墮高術中而不悟。況二世之庸闇。何怪其玩弄于股掌間如嬰兒乎。高之所忌者斯也。斯死則高之爲田常也不難矣。高乃反而言之。吁可畏哉。斯死而高代之。且創爲中丞相之名。

羣臣畏高恐不因此事

内而宮禁外而軍國無不在其掌握中者二世之末爲齊簡公直須時耳

趙高欲爲亂恐羣臣不聽乃先設驗持鹿獻於二世曰馬也二世笑曰丞相誤耶謂鹿爲馬問左右或嘿或言馬以阿順高或言鹿高因陰中諸言鹿者後羣臣皆畏高

臣按此高將爲簒奪之事故以此嘗試羣臣而卜其從已與否也鹿馬易辨之物而羣下不敢言則其爲亂也孰禦事勢至此縱二世覺之亦無能爲矣聖人有言不曰如之何如之何者吾

逸樂之效至于劫殺

未如之何也已矣。故有國者必防其漸。

高前數言關東盜無能爲。及項羽虜秦將王離等鉅鹿下。而章邯等數却。邯亦秦將燕趙齊楚韓魏皆立爲王自關以東。大抵盡畔秦吏應諸侯。諸侯咸率其衆西鄉。沛公已屠武關。漢高帝時以沛公起兵。高恐二世怒誅及其身。乃謝病不朝見。使其壻咸陽令閻樂等。引兵入望夷宮。高入告曰。山東羣盜兵大至。因劫二世令自殺引璽而佩之。左右百官莫從。乃召子嬰立之。子嬰卽位。以計殺高。夷三族。嬰立三月。沛公兵從武關入。嬰降。項羽至殺之。秦亡。

臣按趙高之工爲諛說。二世必以爲愛已也。孰知其睥睨璽載。欲取而代已哉。斯高之事。且著遷史。臣今剟取其略。欲人主知姦邪情狀之若此。而二世信之。其禍敗若彼。庶爲永鑑乎。高本閹人。臣今不列于內臣之篇。而叙於姦臣之首者。以其姦凶桀黠。不可以閹臣視之故也。恭顯之屬放此。

漢中書令弘恭僕射石顯。二人皆宦者。中書令僕射在漢皆宦官之職。自宣帝時久典樞機。樞謂戶之轉者。機謂弩之牙。皆物之要處。故以諭政事之機要焉。明習文法。元帝初即位。多疾。以顯久典事。中人無外黨。精專可信任。遂委以政。事無小大。因顯白决。貴幸傾朝。百僚皆敬事顯。顯爲人巧慧習事。能探得人主微指。內深賊持詭辯以中傷人。（詭辯。姦詭不正之辯）忤恨睚眦。（忤恨。違忤而怨恨。睚眦。怒目相視貌。怨之小者也。）輒被以危灋。（被。加也。）

臣按。自昔小人將竊權寵。必先窺伺主意而迎合之。蓋人主好惡不同。喜怒難必。非潛觀密測得其指意。則無以爲容悅取媚之地。故薛公事齊王。王有愛姬七。未知所立。薛公獻七珥。美其一。明日視美珥所在。請立以爲夫人。王從之。申不害相韓昭侯。昭侯謀之以事。申子未知侯之所欲也。則使同列二人先陳其計。微視昭儀所悅而言之。昭儀大悅。姦臣事君多合少忤者。以其能覘上意所在故也。不顯之見信於漢元。蓋用此術。

時外屬侍中史高。太子太傅蕭望之。少傅周堪。皆受宣帝遺詔輔政。望之堪以師傅舊恩數宴見言治亂。陳王事。望之白選宗室明經有行。散騎諫大夫劉更生爲給事中。漢制給事中爲加官。朝臣如此則入。朝內朝。故曰給事中。非今兩省官比也。與侍中金敞。竝拾遺左右。拾遺謂人君言行或有遺失。則收拾而正救之也。故後世以爲諫官之名。四人同心謀議。勸導上以古誼。多所欲匡

庸人者姦人所必用

此致知格物之不可

正上甚鄉納之史高充位而已。言但備位無所建明由此與望之有隙不顯又與高相表裏常獨持故事不從望之等。

臣按小人欲擠君子必固結有力者以爲黨援然後君子不得以自容史高外屬尊重而與望之有隙故不顯與高相表裏以排之望之之見絀也宜矣。

望之疾恭顯擅權建白宜罷中書宦官繇是大與恭顯忤。恭顯奏望之堪更生朋黨相稱舉欲以專擅權勢。爲臣不忠。誣上不道請謁者召致廷尉時上初卽

已也

位不省召至廷尉爲下獄可其奏後上召堪更生曰
繫獄上大驚曰非但廷尉問耶以責恭顯皆叩頭謝
上曰令出視事恭顯因使史高言上新即位未以德
化聞於天下而先驗師傅驗謂考驗既下九卿大夫獄宜
因決免於是赦望之罪及堪更生皆免爲庶人
臣按先朝名臣歐陽脩有言自古小人讒害忠
良其識不遠欲廣陷良善則不過指爲朋黨欲
搖動大臣則必須誣以專權其故何也夫去一
善人而衆善人尚在則未爲小人之利欲盡去
之則善人少過難爲一一求瑕惟指以爲朋黨

惟自爲朋党故言人朋党惟言人朋党故益固其朋党若君子何欲哉何畏哉而亦何党哉

則可一時盡逐至如大臣已被知遇而蒙信任者則不可以他事動搖惟有專權是人主之所惡故須此說方可傾之臣觀恭顯奏望之等一則曰朋黨二則曰擅權以其實考之望之等同心謀國古誼正君安有朋黨擅權之事而恭顯史高交相朋比專執政機是乃所謂朋黨擅權者恭顯等有其實而誣望之等以此名姦邪小人貿亂黑白大抵如此史稱顯內深賊持詭辯以中傷人謂此類也而元帝懵然曾不之察其請召致廷尉則許之既知其無罪而出之矣及

請免爲庶人又許之由君德不明故小人得以
售其訐吁可歎哉。

四月詔賜蕭望之爵關內侯給事中朝朔望復徵堪
更生欲以爲諫大夫恭顯白皆以爲中郎上器重望
不能〇奪〇不〇能〇
退〇徒〇見〇之〇而〇已〇〇〇〇
之不已欲倚以爲相恭顯及許史子弟皆側目於望
之等。許氏史氏皆外戚也。更生乃使其外親上變事言地動殆
亦未使必誣之耳
爲恭等宜退恭顯以章蔽善之罰進望之等以通賢
者之路書奏恭顯疑更生所爲白請考姦詐辭果服
遂逮更生繫獄免爲庶人會望之子伋亦上書訟望
之前事事下有司復奏望之教子上書失大臣體不

或鼓或罷
或泣或歌

敬請逮捕。恭顯等知望之素高節。不詘辱。建白望之前幸得不坐。復賜爵邑。不悔過服罪。教子上書。歸非於上。自以託師傅。終必不坐。非頗屈望之於牢獄。塞其怏怏心。則聖朝無以施恩厚。上曰。蕭太傅素剛。安肯就吏。顯等曰。人命至重。望之所坐。語言薄罪。必無所憂。上乃可其奏。顯封詔以付謁者。令召望之。急發執金吾車騎圍其第。（執金吾。掌兵官也。）使者至召望之。望之飲鴆自殺。天子聞之驚。拊手曰。曩。固疑其不就牢獄。果然。殺吾賢傅。太官方上晝食。（太官。主上御膳。）上卻食涕泣。召顯等責問以議不詳。皆免冠謝。良久然後已。

臣按姦邪之臣類多權術足智數惟其立心之不正故不以爲善而以爲惡不以爲忠而以爲欺以恭顯觀之彼知蕭望之之高節不撓幷能忍辱者也故致之於獄是欲激之使自殺也而望之果自殺彼知元帝之易於欺罔也故始以召致廷尉爲辭而實則繫獄後以少屈牢獄爲辭而實則迫其自殺使顯所事纔中主亦未必敢爾惟其料元帝之闇懦必不能我治也是以爲之而帝果不能治揣度之工計慮之巧無一不然者使用此心於爲忠爲善其益可勝旣耶

此元者善之長而必曰乾元亨利貞也

故曰小人挾材以爲惡惡亦無不至司馬光之言信矣夫擅殺師傅罪之大者也免冠推謝禮之微者也以微禮而塞大罪帝亦不能復有所問徒卻食涕泣而已顯於是時雖外爲震懼謝罪之形而中實笑且侮也必矣故爲人君者無乾健離明之德而區區於婦人之仁其不爲姦臣之所玩者幾希

東都京房上疏屢言災異有驗天子說之數召見房時石顯專權是時弘恭已死顯代爲中書令房嘗宴見問上曰幽厲之君何以危所任者何人也上曰君不明而所任者

巧佞。居曰。知其巧佞而用之耶。將以爲賢也。上曰。賢之。居曰。然則今何以知其不賢也。上曰。以其時亂而君危知之。居曰。若是。任賢必治。任不肖必亂。必然之道也。幽厲何不覺悟而更求賢。曷爲卒任不肖以至於是。上曰。臨亂之君。各賢其臣。令皆覺悟。天下安得危亡之君。居曰。齊桓公。秦二世。亦嘗聞此君而非笑之。然則任豎刁趙高。政日益亂。盜賊滿山。何不以幽厲卜之而覺悟乎。上曰。唯有道者能以往知來耳。居因免冠頓首曰。春秋紀二百四十二年災異。以示萬世之君。今陛下即位以來。日月失明。星辰逆行。山崩泉湧地震石隕夏霜冬雷春凋秋榮隕霜不殺水旱螟蟲民人飢疫盜賊不禁刑人滿市春秋所紀災異盡備陛下視今爲治邪亂邪上曰亦極亂耳房曰今所任用者誰歟上曰然幸其愈於彼（愈猶勝也）又以爲不在此人也房曰前世之君亦皆然矣臣恐後人視今猶今之視前也上良久曰今爲亂者誰哉房曰明主宜自知之上曰不知也如知何故用之房曰上最所信任與圖事帷幄之中進退天下之士者是矣房指謂石顯上亦知之曰已諭房罷出後上亦不能退顯也顯及五鹿充宗（五鹿姓名充宗顯之黨也）皆疾房欲遠之建言

以言災異而出守郡守郡而下獄死又無毫末益于國明招保身之謂何亦因以災異進無修德凝道之實學誠意正心之實事也

宜以房爲郡守。帝於是以房爲魏郡。去月餘。坐事徵下獄棄市。

臣按。京房之言於元帝者。可謂深切著明矣。上曰巳諭。則是知顯之爲姦也。而卒不能去者。蓋權倖之臣。始則媚君以徼寵。終則刼君以固位方其始也。人主之知未深。阿意容悅。無所不至苟幸入明夷之左腹。則鍵閉之謀日工。依憑之黨日盛。中外大權既出其手。則猶伏社之鼠。不可熏也。穴墉之狐。不可灌也。如是在肓（音荒）之疾藥之不能達。傅（音附）咽之癭。近而不可割也。惟明智之君攻之有漸去之有方庶幾其可不然則容養亦亡決裂亦亡夫元帝知顯之姦而卒不之去者非不欲去不能去也其所以不能去何也發車騎以圍大臣之第則其權可以擅與矣殺蕭望之殺張猛殺賈捐之則其權可以擅戮矣以外屬則史高為之黨以中謁者則牢梁為之黨以外廷小人則五鹿充宗等為之黨權勢隆而黨援衆是其所以不能去也故聖人賛易於姤之初六曰勿用娶女蓋於陰之方萌則抑之制之而不使至於不能去也嗚呼微哉

格物要如此條格則事物之理無不到其所窮至者術也吾亦

石顯威權日盛。公卿以下畏顯重足一跡。顯與中書僕射牢梁、少府五鹿充宗結爲黨友。諸附倚者皆得寵位。顯自知擅權事柄在掌握。恐天子一旦納用左右以間已。乃時歸誠取一信以爲驗。顯嘗使至諸官有所徵。（言奉使往諸官司徵召而取發也。）顯先自白恐後漏盡宮門閉。請使詔吏開門。上許之。顯故投夜還。稱詔開門入。後果有上書告顯顓命矯詔開宮門。天子聞笑。以其書示顯。顯因泣曰。陛下過私小臣。屬任以事。羣下無不嫉妬欲陷害臣者。事類如此。唯獨明主知之。愚臣微賤。誠不能以一軀稱快萬衆。臣願歸樞機職。受後

窮至者理也

宮掃除之役。死無所恨。唯陛下哀憐財幸。以此全活小臣天子以為然而憐之數勞勉顯加厚賞賜賞賜及賂遺貲一萬萬。

臣按顯之姦慝夫人而知之獨元帝未之知爾恐一朝敗露而無所自容也於是設為此謀以固上意而塞人言其亦巧也已矣昔有仕于州郡而爭覓舉者甲有過乙輒白之居一日甲舉其臂若嘗文身者乙喜遽以白長吏長吏呼而驗之無有也於是甲訴曰凡乙之見誣類若此自是乙之言不復入而甲被薦矣此閭巷相擠

方殺人又用人

之小數。而顯用之以誑其君。元帝莫之察也。吁。
可歎哉。

初顯聞衆人匈匈。言已殺前將軍蕭望之。恐天下學士訕已。以諫大夫貢禹明經著節。乃使人致意深自結納。因薦禹天子。歷位九卿。禮事之甚備。議者於是或稱顯。以爲不妬譖望之矣。顯之設變詐以自解免。取信人主。皆此類也。

臣按顯之此舉。又以文巳過而揜衆言。後王鳳既殺王章。杜欽亦教之以舉直言極諫。並見郎從官展盡其意。使天下知不以言罪下。姦邪之

知格物而不知誠意

臣巧於緣飾大抵如此賊秦宗之遂以竊國然則顯之用志豈淺淺哉

吳主孫休即位休權之子左將軍張布與丞相濮陽興皆貴寵用事以佞巧更相表裏吳主喜讀書欲與祭酒韋昭博士盛沖講論布以昭沖切直恐其入侍陰言已過固諫止之吳主曰孤之涉學羣書畧徧但欲與昭等講習舊聞亦何所損君特恐昭等道臣下姦慝故不欲令入如此之事孤已自備知不須昭等然後乃解也布皇恐陳謝且言恐妨政事吳主曰政務學業其流各異不相妨也然吳主恐布疑懼卒如布意

以格物

廢講業不復使昭等入。

臣按賈誼有曰。帝入太學。承師問道。則德著長而治道得。董仲舒亦曰。彊勉學問。則聞見博而智益明。夫使人主德日長而智日明。此天下國家之福。而臣子之大願也。故忠臣之心。惟欲其君之務學。傅說之告高宗是也。姦臣之心。惟恐其君之好學。張布之沮吳主是也。或見仇士良教其徒。毋使人主親近儒生。則以爲此術自士良始。士良事見後而不知三國之世。已有如張布者矣。憸邪用心。不謀而合。大抵如此。若後之姦臣

惟誠意可以知不誠之意惟正心可以知不正之心

又有反其機而用之者。經緯雖設。而所引多巧佞之徒。儒臣雖接。而所陳多蔽蒙之說。與有異術而心則同。人主皆不可以不察也。

晉侍中尚書令車騎將軍賈充。自文帝時。寵任用事。文帝魏宰相司馬昭也。封晉王後追謚爲帝。賈充爲昭弑魏帝髦。以成晉篡。武帝爲太子。充頗有力。武帝司馬昭之子。篡魏爲天子。故益有寵於帝。充爲人巧諂。與太尉荀顗。侍中荀勗。中書監馮紞。相爲黨友。朝野惡之。泰始中。帝問侍中裴楷以方今得失。對曰。陛下受命。四海承風。所以未比德於堯舜者。但以賈充之徒尚在朝爾。宜引天下賢人共弘政道。不宜示人以私。侍中任愷庾純皆與充不協。充欲解其近職。乃薦愷忠貞宜在東宮。帝以愷爲太子少傅。而侍中如故。會樹機能亂秦雍。帝以爲憂。愷曰。宜得威望重臣有智畧者以鎭撫。帝曰。誰可者。愷因薦充。純亦稱之。遂以充都督秦涼二州軍事。充將之任。公卿餞於夕陽亭。充私問計於荀勗。勗曰。是行。辭之實難。獨有結婚太子。可不辭而留矣。勗請言之。因謂馮紞曰。賈公遠去。吾輩失勢矣。太子婚尚未定。何不勸帝納賈公之女乎。紞亦然之。初帝將納衛瓘女（瓘晉三公）爲太子妃。充妻郭槐賂楊后左右。使后說帝求納其女。荀顗等。

皆稱充女絕美。且有才德。帝遂從之。留充復居舊任。

臣按。賈充自司馬昭相魏時。昭。魏二公。充昭之黨。輔成篡弒之事。在晉室則爲元功。其實天下之大賊也。用事日久。姦邪小人。如荀勖輩朋而翼之。惟恐充一出外而失其所恃也。故秦涼之行。且赴鎮矣。而荀勖爲畫結婚之謀。且力稱充女之才德。於是充遂留而婚以成。帝嘗謂其五不可矣。見後后德篇。然內則楊后受郭槐之賂以主之。外則荀勖諸人更相從臾以助之。雖帝初心之明至此。亦眩惑不能自決矣。蓋姦臣用事。未有不內結宮闈。外交羣小。而後能遂其所欲者。妃立而晉室之亂萌。先儒邵雍以爲禍在夕陽亭之一語。而不在不勤長嘯上東門之時。豈不然哉。

賈充與任愷。皆爲帝所寵任。充欲專名勢。而忌愷。力薦愷爲吏部尚書。愷侍覲轉希。充因與荀勖等承間共譖之。愷因是得罪廢於家。

臣按。小人之害君子。其情狀非一。當庸闇之主。則顯擠之。恭顯之於蕭望之是也。當材明之主。則陰排之。賈充之於任愷是也。晉武雖未得爲賢君。然非庸闇者比。又愷亦爲帝寵任而充欲

送一吏部尚書以行其傾陷之術小人險如此

傾之則亦難矣故前稱其忠正宜在東宮是欲奪其侍中之職使不得在左右也計既不行又薦之爲吏部尚書天官之任重矣然職在銓衡非若侍中之近密也其計既行遂以事擠之而斥廢焉其亦可謂巧也已昔趙堯欲奪周昌御史大夫之位則勸高帝爲趙王如意擇貴彊相而因薦昌公孫洪嫉董仲舒欲黜之于外則言於武帝使爲膠西相蓋高帝孝武皆明君也而周昌仲舒之賢亦見知於二帝使二人誣之以罪而顯擠之未必見從惟其陽借薦譽之名而

陰施排擯之術故雖二帝之明有弗察焉此賈充之計所以得行於晉武也

梁武帝時中領軍朱异文華敏給曲營世譽得幸於上异善伺候人主意爲阿諛用事三十年廣納貨賂欺罔視聽遠近莫不忿疾園宅玩好飲膳聲色窮一時之盛每休暇車馬填門

臣按此梁史臣形容朱异之語也文華敏給則人主悅之矣曲營世譽則衆論悅之矣又能伺候上意而爲阿諛此恩寵之所以益固也惟明主之觀人也不以文華而以德行不以虛譽而

奪官爵而贈以泉石意何辱也

以功實不以承迎已意爲善而以規弼已過爲忠如此則雖百朱异不能惑矣夫入則雎盱於前畀伏如鼠出則横恣於外貪噬如虎此姦臣之常態也故朱异既以阿諛得幸於上則以威福取賂於下矣人主不察但見柔而可喜又豈知其情態之眞也哉

太子侍讀徐摛見上應對明敏寵遇日隆朱异不悅乘間白上摛年老愛泉石意在一郡自養上謂摛眞欲之遂出爲新安太守

臣按婦欲顓其夫故入宮者必見妒臣欲顓其

君故入朝者必見嫉使婦之用心如樛木如螽斯則不肯專其夫矣臣之用心如秦誓之一介臣其心休休焉如有容則不肯專其君矣方是時异以姦諛得幸於帝惟恐才能之出己右者得進而分其寵故雖區區一徐摛且不見容而必以計去之然其言曰摛年老愛泉石欲求一郡自養使帝以异言而質之摛則其姦罔立見矣然异敢於為此者蓋揣帝之意惟己是信必不加質問故也後之姦臣顓國擅政不欲人主它有親任者大率以術去之如异者蓋其一也

東魏侯景與高澄有隙。澄高歡之子。世專魏政。內不自安。據河南叛。請舉十三州內附。上召羣臣廷議。皆謂非宜。是歲正月乙卯。上夢中原牧守皆以地來降。旦見朱异告之。异曰。此宇內混一之兆也。及景使至。稱景定計以正月乙卯。上愈神之。然意猶未決。嘗獨言我國家如金甌。無一傷缺。今忽受景地。詎是事宜。脫致紛紜。悔之何及。朱异揣知上意。對曰。聖明御極。南北歸仰。正以事無機會。難達其心。今侯景分魏土之半以來。自非天誘其衷。人贊其謀。何以至此。若拒而不納。恐絕後來之望。上乃定議納景。東魏高澄數遣書求復

帝意亦顧其還故异乘之

通好。許正陽侯淵明還。淵明。宗室子。以戰敗陷魏淵明亦遣人奉啓。上得啓流涕。與朝官議之。朱异又言靜寇息民和實爲便。司農卿傅岐曰。高澄何事須和。必是設間。故命正陽遣使。欲令侯景自疑。景意不安。必圖禍亂。若許通好。正墮其計中。异固執宜和。上亦厭用兵。乃從异言。景以金三百兩餉异。异受金不爲通啓。景於是始爲反計。鄱陽王範密以啓聞。上以邊事專委朱异。動靜皆關之。异以爲必無此理。自是範啓。异不復爲通。景反於壽陽。以誅异及少府朱驎。太子右衛率陸驗。制局監周石珍爲名。异等皆以姦佞蔽主弄權爲

愚到底

時人所疾。故景託以興兵。及景濟江圍臺城。朝野共尤朱异。异慚憤發疾卒。上痛惜之。特贈尚書右僕射。

時太淸三年正月也。三月城陷。五月武帝殂。簡文立爲景所篡

臣按朱异以善伺上意爲阿諛取寵倖。至謀國大事。不論是非可否。亦惟上意是覘。侯景之降。納之非策也。异察帝意在於得中原之土。故勸而成之。正月乙卯之夢。帝嘗以語异。异旣爲諂語以媚帝矣。及景使之來。果云來降之謀決于乙卯。蓋异敎之使言。以符合上意也。帝不察而神之。豈天奪其鑒。使憒焉若是邪。夫景之叛魏。

由其與高澄有隙也既納景之降則不當通澄之使雖三尺童子猶能知之而异復揣帝意在於得正陽之還故又勸而成之通澄之和是趣景之反也异本儒生豈惷然一識者其爲此也特欲保富貴耳用事三十年廣納貨賂田園第館姬妾玩好甲於一時惴惴焉唯恐其失故一切惟主意是奉而不暇爲國忠謀梁武甘其佞樂其詐侯景之禍朝野皆歸罪异而帝獨不知之方且哀憐於既死之餘而寵贈以非常之典臨亂之君各賢其臣殆謂此耶夫人君欲觀其

◎

臣之邪正。大畧有二道焉。謀議徇國不徇君。此正人也。反是則邪矣。處身徇義不徇利。此正人也。反是則邪矣。异爲大臣而導諛黷貨兼有二罪。梁武一弗之察。其致禍亂也。宜哉

以上論憸邪罔上之情

大學衍義卷之十八 終

大學衍義卷之十九

宋　學士　真德秀　彙輯

明　史官　陳仁錫　評閱

格物致知之要二

辨人材

憸邪罔上之情 姦臣

初高齊之末有魚龍山車等戲謂之散樂。隋高祖受禪。命牛弘定樂。非正聲者悉放遣之。煬帝以啓民可汗將來朝。啓民可汗突厥之君也。欲以富樂誇之。太常少卿裴蘊希指奏。括天下周齊梁陳樂家子弟皆爲樂戶。十品以下至庶人有善樂者皆直太常於是四方散樂大集東京閱之於芳華苑積翠池其後悉配太常置博士弟子以相傳授樂工至三萬餘人西域諸胡多至張掖交市帝使吏部侍郎裴矩掌之矩知帝好遠畧諸商胡至者矩誘訪諸國山川風俗上及庶人儀形服飾撰西域圖記三卷入朝奏之且言諸國並因商人密送誠欵願爲臣妾若服而撫之渾厥可滅（謂吐谷渾突厥二大國也）戎夏可壹帝大悅日引矩至御坐親問西域事矩盛言胡中多諸珍寶吐谷渾易可并吞帝於是慨然慕秦皇漢武之功甘心將通西域四夷經畧

咸以委之。以矩爲黃門侍郎。復使至張掖引致諸胡啗之以利。勸令入朝。自是西域諸胡往來相繼。所經郡縣。疲於送迎。糜費以萬萬計。卒令中國疲弊以至於亡。皆矩之倡導也。

御史大夫裴蘊。與裴矩虞世基參掌樞密。善候伺人上微意所欲罪者。則曲法煆成其罪。所欲宥者。則附從輕典。是後大小之獄皆以付蘊。蘊甚機辯。言若懸河。或重或輕。皆由其口。時人不能致詰。

初內史侍郎薛道衡。以才學有盛名。久當樞要。煬帝即位。道衡上高祖文皇帝頌。上覽之不悅。曰道衡致美先朝。此魚藻之義也。魚藻大雅篇名。刺幽王。思武王。將置之罪。會議新令不决。道衡謂朝士曰。向使高熲不死。令决當久行。熲者。文帝賢相。煬帝殺之。有人奏之。帝怒。付執法者推之。裴蘊奏道衡負材恃舊。有無君之心。論其罪名。似如隱昧。原其情意。深爲悖逆。帝曰。公論其逆。妙體本心。遂令自盡。天下寃之。

帝稱裴矩之能。謂羣臣曰。裴矩大識朕意。凡所陳奏皆朕之成算。未發之頃。矩輒以聞。自非奉國盡心。孰能如是。是時矩與左翊衛大將軍宇文述。内史侍郎虞世基。御史大夫裴蘊。光祿大夫郭衍。皆以諂諛有

寵遂善於供奉容止便辟侍衛者皆取則焉郭衍嘗勸帝五日一視朝曰無効高祖空自勞苦帝益以爲忠曰唯有郭衍心與朕同

帝問侍臣盜賊宇文述曰漸少帝曰比從來少幾何對曰不能什一納言蘇威曰臣非所司不委多少但患漸近帝曰何謂也威曰他日賊據長白山今在汜水且往日租賦丁役今皆何在豈非其人皆化爲盜乎比見奏賊多不以實遂使失於支計不時剪除又昔在鴈門許罷征遼今復徵發賊何由息帝不悅而罷後又問伐高麗事威欲帝知天下多盜對曰今茲

之役願不發兵但赦羣盜自可得數十萬遣之東征彼喜於免罪爭務立功高麗可滅帝不懌威出御史大夫裴縕曰此大不遜天下何處有多許賊帝曰老革多姦（老革猶言老兵）以賊脅我欲批其口且復隱忍縕知帝意遣人誣奏威罪令案驗獄成除名爲民

虞世基以帝惡聞賊盜諸將及郡縣有告敗求救者世基皆抑損表狀不以實聞但云鼠竊狗盜郡縣捕逐行當殄盡願陛下勿以介懷帝良以爲然或杖其使者以爲妄言由是盜賊徧海內陷没州縣帝皆弗之知也楊義臣破降河北賊數十萬列狀以聞帝歎

曰我初不聞賊頓如此此義臣降賊何多也世基對曰小竊雖多未足爲慮義臣克之擁兵不少久在閫外此最非宜帝曰卿言是也遽追義臣放散其兵賊由是復盛

煬帝既幸江都以其子越王侗爲東都留守東都洛陽也李密帥衆逼東都李密叛臣也隋兵拒之敗走密移檄數帝十罪越王侗遣太常丞元善達間行賊中詣江都奏稱李密有衆百萬圍逼東都若陛下速還烏合必散不然東都決沒因歔欷嗚咽帝爲之改容虞世基進曰越王年少此輩誑之若如所言善達何緣來至

帝乃勃然怒曰善達小人敢廷辱我因使經賊中向東陽催運善達遂爲群盜所殺是後人人杜口莫敢以賊聞世基容貌沈審言多合意特爲帝所親愛朝臣無與爲比親黨憑之鬻官賣獄賄賂公行其門如市由是朝野共疾怨之內史舍人封德彝託附世基密爲指畫宣行詔命諂順帝意群臣表奏忤旨者皆屏而不奏鞫獄用法多峻文深詆論功行賞則抑削就薄故世基之寵日隆而隋政日壞皆德彝所爲也後宇文化及等反弒煬帝虞世基裴緼亦被殺

臣按隋煬不道罪浮於紂而蘊矩世基諸臣則

其飛廉惡來也。然今考之。蘊等所以眩惑其君者。初亡他技。一惟逢迎上意而已。知帝之耽嗜音樂也。則請括天下散樂百戲集于京師。樂工至三萬餘人。於是帝之心蕩于鄭衛哇淫之聲而流連酣宴。無有窮極矣。知帝之好大喜功也。則謂西域諸國富於珍寶。請招而誘之。使入朝覲。而渾厥可平。於是帝之心慨然欲爲秦皇漢武之事。而中國疲弊。日趨於亡矣。知帝怒薛道衡進頌。有諷刺之意。則組織其罪。曰原其情意實爲悖逆。帝果悅之。曰。公論其逆。妙體本心。以其能去己所惡也。知帝之怠於政事也。則勸五日一視朝。曰無効高祖空自勞苦。帝果悅之。曰惟有郭衍心與我同。以其能順己所欲也。其後盜賊四起。知帝之意尤所惡聞。則四方表奏抑而不達。曰天下何處有多許賊。曰鼠竊狗偷。行且盡殄。於是帝惑其言。發怒於蘇威。致疑於楊義臣。切齒於元善達。而賊益猖熾不可復制。不一二年。隋遂以亡。原諸人之所以爲此者。欲以保有寵祿爾。而不知國事既敗。身無處所。何寵祿之可保耶。即數人而論之。虞世基者。又姦之首佞之魁也。故魏徵嘗曰：梁武偏信朱异以致臺城之辱，隋煬偏信虞世基以致江都之禍。夫二君之所以信之者，由其能適己之欲也。孰知其所以適己者，祇以禍己歟。昔伊尹之告太甲曰：有言逆于汝心，必求諸道；有言遜于汝志，必求諸非道。蓋忠言至論，往往逆人主之心；然揆之理而得，則雖忤意而當從。姦言邪說，往往順人主之志；然揆之理而悖，則雖合意而當察。人主知此，則揣摩之姦不得售，而窺伺之計無所施矣。

唐高宗將立武昭儀爲后。昭儀。婦官名也。武氏事見后德篇。大臣切諫。禮部尚書許敬宗陰揣帝私。卽妄言曰。田舍子賸穫十斛麥。尚欲更故婦。天子富有四海。立一后。謂之不可。何哉。帝意遂定。王后廢。王后。高宗元妃。敬宗請削后家官爵。廢太子忠而立代王。代王。武氏所生。故敬宗請立爲太子。帝得所欲。故詔敬宗待詔武德殿西闥。俄拜侍中。進中書令。侍中中書。皆宰相官。敬宗於立后有助力。知后鉗戾能固位。以久已權。乃陰連后謀。逐韓瑗。來濟。褚遂良。殺梁王。郎太子忠也。廢爲梁王。又殺之。長孫無忌。上官儀。瑗。濟。遂良。無忌。皆當時賢相。諫高宗立武后者也。儀亦近臣。得罪于武后。朝廷重足事之。威寵熾灼。當時莫與比。

臣按。敬宗陰揣帝私。使其君廢正后。易太子。殺顧命大臣。一舉而夫婦父子君臣之綱皆絶。高宗悅之。命以爲相。其後武氏得志。改唐爲周。太宗子孫屠翦幾盡。禍亂之酷。古所未聞。由高宗以色爲悅。而敬宗逢迎之也。田舍之語鄙陋甚矣。而高宗乃以是定議者。由其合意故也。意有所偏則姦邪得乘之而入。可不戒哉。

高宗之爲太子。李義府爲太子舍人。嘗獻承華箴。末云。佞諛有類邪巧多方。其萌不絶其害必彰。義府又諂事太子。而文致若讜直者。太子表之。優詔賜帛。

臣按。姦邪巧人。其品非一。有言行俱邪者。有以正言飾邪行者。言行俱邪者。其惡易見。以正言飾邪行者。其惡難知。義府以諂事太子。而獻箴之言。乃近於正。此姦邪之尤者。若徒以言取之。豈不誤哉。故聽言觀行者。聖人垂世之大法也。

高宗立。義府遷中書舍人。爲長孫無忌所惡。奏斥壁州司馬。詔未下。義府問計於舍人王德儉。德儉者。許敬宗甥。多智。善揣事。因曰。武昭儀方有寵。上欲立爲后。畏宰相議。未有以發之。君能建白。是轉禍爲福也。

義府卽叩閤上表請廢后立昭儀帝悅召見與語賜珠一斛留復侍武后已立義府與敬宗等相推轂濟其姦詐棄骨肉大臣故后得肆意攘取威柄天子斂衽矣義府貌柔恭與人言嬉怡微笑而陰賊褊忌著于心著直略反謂其姦惡根著于心也凡忤意者皆中傷之時號義府笑中刀又以柔而害物號曰人猫未幾拜中書侍郎同中書門下三品唐宰相名也後又主選事無品鑒才谿壑之欲惟賄是利母妻諸子賣官市獄門如沸湯

臣按義府以姦言易一身之富貴而賣唐家之社稷吁可畏矣史氏形容其情態至今猶可想

見夫柔媚之人天資陰險未有不害物者也故孔子欲見剛者而遠佞人蓋剛則果於爲善而佞則恐于爲惡惟人主以孔門之法爲取人之方庶乎免於佞柔之惑矣

玄宗時李林甫爲吏部侍郎時武惠妃寵傾後宮子壽王愛尤盛（壽王瑁惠妃所生）林甫因中人白妃願護壽王爲萬歲計妃德之會韓休薦林甫有宰相才妃陰爲助即拜黃門侍郎同中書門下三品

臣按女子小人其類同者也故外廷姦臣多倚宮掖以自固而宮掖亦或結交於外廷以自助

此林甫所以願自效於惠妃而惠妃之所以薦林甫也。

皇太子瑛鄂王瑤光王琚。三人皆元宗子。被譖帝欲廢之張九齡切諫。九齡時賢相。帝不悅林甫惘然私語中人曰天子家事外人何與耶。

臣按天子以四海為家凡中外孰非家事者而大臣天子之家老凡中外事亦無不當與者焉。自李勣以此言贊高宗廢王后以自結於武氏林甫効之又以此言贊明皇廢二子而自結於惠妃事見後齊家篇姦臣用心欲逢其君之惡而杜絕諫者之言。故進斯語。自是事關宮掖。人臣有議及之者。人主必咈然曰。此吾家事。爾外朝臣何與焉。於是外官宮妾始得以擅其斷制之權。而外廷無敢爭者。其開端自勣與林甫始。蓋萬世之罪人歟。

開元中。玄宗在東都。欲還長安。裴耀卿等建言（耀卿亦時宰相）農人場圃未畢。須冬可還。林甫陽蹇獨在。帝後問故。對曰。臣非疾也。願奏事。二者本帝王東西宮。車駕往幸。何所待時。假令妨農。獨赦所過租賦可也。帝大悅。卽駕而西。

臣按天子之行千乘萬騎其所經歷豈無所妨裴耀卿等請俟農隙是也而林甫覘知帝意亟欲還都對同列而言又懼爲其所折於是陽蹇在後而獨進迎合之說其所以爲是者欲諂玄宗而排耀卿爾玄宗果爲之大悅耀卿亦以是罷去姦人情態著在史册至今猶在人耳目吁可鄙哉

始張九齡由文學進（九齡當時賢相）守正持重而林甫爲人特以便佞故得大任每嫉九齡陰害之帝欲進朔方節度使牛仙客實封九齡謂林甫封賞待名臣大功

邊將一上最，豈可邊議。最，謂功伐也。要與公固爭。林甫然許。及進見，九齡極論。而林甫抑默。退又漏其言。仙客明日見帝泣，且辭。帝滋欲賞仙客。九齡持不可。林甫爲人言。天子用人，何不可者。帝聞，善林甫不專也。由是益疏薄九齡。俄與耀卿俱罷政事。

臣按：汲黯嘗與公孫弘約共爭事。至上前而弘背之。黯斥其懷詐面諛。林甫之背九齡，亦猶弘之背黯也。故黯、九齡坐是廢斥。而弘與林甫皆得志而柄任焉。其曰天子用人，何不可者，亦猶前所謂天子家事，外人何與。凡皆導人主以自專而勿卹人言也。夫用人得失，治亂所關，不幸而失，大臣所當正救，而謂惟其所用，即無不可，則前古帝王何不每事自用，而乃置諫爭輔弼之臣以自繩約耶？自昔小人順承其主，則曰天子所爲，何所不可；激怒其主，則曰貴爲天子，不得自由。凡若是者，皆伐國之戈矛，而逃主之酖毒也。故林甫之言入，而九齡罷，而治亂分，其效蓋可覩矣。

張九齡罷，林甫進兼中書令。帝卒用其言，殺三子（即皇太子瑛等也）。天下冤之。大理卿徐嶠妄言大理獄殺氣盛，烏雀不敢棲。今刑部斷死刑歲纔五十八。而烏鵲巢獄戶。幾至刑措。羣臣賀帝。而帝推功大臣。封林甫晉國公。

臣按。孟子曰。君子可欺以其方。難罔以非其道。明皇一日殺三子。此何景也。而羣臣乃以幾致刑措賀。在昔成康之世。曷嘗有此耶。是直以帝爲盲聾。罔之以非其道也。明皇誠反而思之。吾有子不能自保。使臣下得譖而殺之。彼烏鵲乃安其巢。是以天子之子。欲爲烏鵲不可得也。則必赫然震怒。罪羣臣之欺罔者矣。然林甫之輩敢於爲此者。度帝之聰明已衰。方愛悅諛佞。必不能察其欺罔故也。明皇果喜而賞之。林甫於是時必自喜其謀之中。而竊笑帝之易欺。姦諛蒙蔽愈無所忌矣。臣前論石顯之料元帝無一不中。林甫之於明皇亦然。故爲人君者。必有以保養其聰明。使佞邪小人不敢有所侮而動。不然。未有不爲其所玩者。

帝將立太子。林甫揣帝意數稱道壽王。而帝意自屬忠王。（忠王。名璵。即肅宗也。）壽王不得立。太子既定。林甫懼謀不行。且畏禍。乃陽善韋堅。堅。太子妃兄也。使任要職。將覆其家以搖東宮又因柳勣上杜良娣父有隣變事欲以及太子皆不果未幾使濟陽別駕魏林誣河西節度使王忠嗣欲擁兵佐太子林甫曰太子宜知謀帝曰吾兒在內安得與外人相聞此妄耳林甫數危太子太子自以謹孝聞內外無惎（惎間也）故飛語不得入

時楊國忠為監察御史林甫與韋堅等獄欲危太子以國忠怙寵摶鷙可用倚之使按劾國忠乃慘文峭詆建繫逮年誣蔑致誅者百餘族度可以危太子者先林甫意諂之皆中所欲

臣按林甫之所以相者賴惠妃之助也故前殺三子後傾忠王凡皆爲壽王地也幸明皇之意堅定不移然猶三興大獄必欲動搖而後已蓋肅宗之立出於上意已不得攘以爲功壽王立則已與惠妃中外相倚富貴可以長保林甫之賊心如此幸肅宗無過可指而東宮之位不搖異時中興帝室卒有賴焉殆天意相唐使林甫之計獨弗售于此也不爾殆哉

林甫善刺上意刺猶探也時帝春秋高聽斷稍怠猒繩檢重接對大臣及得林甫任之不疑林甫善養君欲自

是深居燕適流蠱衽席主德衰矣林甫每奏請必先
餉遺左右審伺微旨以固恩信至饔夫御婢皆所欵
厚故天子動靜必具得之

臣按林甫善刺上意即石顯之能探人主微指
也善養君欲即趙高之勸二世肆意淫樂也餉
遺左右即寔浞之行媚于內王莽之事旁側長
御也詧者姦臣各工其一而林甫獨兼焉是合
石顯趙高寔浞王莽爲一人也唐室由是幾瀕
于亡推原其始由明皇之心先蕩故林甫得以
入之也人主誠能虛懷無我虛靜少欲嚴內外

之防杜私謁之禁雖有姦臣豈能售其之哉禮
曰王中心無爲以守至正夫惟一正可以御衆
邪此人主守約之方也
時詔天下士有一藝者皆得詣闕就選林甫恐士對
詔或斥己即建言士皆草茅未知禁忌徒以狂言亂
聖聽請悉委尚書省長官試問御史中丞監總而無
一中程者林甫因賀上以爲野無遺才
臣按明君在上必廣至正之路以招賢能闢四
達之塗以徠忠讜則上無壅蔽之患而下無遺
逸之嗟此國家之利而非姦邪之便也蓋賢材

進則已無所容言路開則罪無所隱故林甫於此曲爲之沮梗焉既以尚書長官試問之又以中丞監總之雖有忠賢何由獲進宜其無一中程者而林甫方以野無遺才賀其敢於欺罔豈不甚哉

咸寧太守趙奉璋得林甫二十餘條將言之林甫諷御史捕繫奉璋劾妖言抵死

臣按姦臣之顓國必先布置私人使居權要之地任擊搏之權而去其異己者然後得以肆行而無忌當林甫時所用以爲御史者必皆其黨

與也故趙奉璋欲言其罪則林甫亟諷御史劾
而殺之姦臣之權至於能僇言者則無所不可
者矣故明君在上既擇天下英賢委以股肱之
任而又選公清直亮之士使爲耳目之官二者
交舉其職而無阿黨朋比之私則綱紀張治道
立矣

林甫爲相凡才望出已右及爲上所厚勢位將逼已
者必百計去之尤忌文學之士或陽與之善啗以甘
言而陰陷之世謂林甫口有蜜腹有劍上嘗陳樂於
勤政樓下垂簾觀之兵部侍郎盧絢謂上已起揺轡

過樓下。絢風標清粹。上深歎其蘊藉。林甫嘗厚以金帛賂上左右。上舉動必知之。乃召絢子弟語曰。尊君素望清崇。今交廣藉才。聖上欲以尊君爲之。可乎。若憚遠行。則左遷。不然。以賓詹分務東洛。亦優賢之選也。絢懼。遂乞賓詹。上又嘗問嚴挺之安在。是人亦可用。挺之時爲絳州刺史。林甫退。召挺之弟損之。諭以上待尊兄意甚厚。盍爲見上之策。奏稱風疾。求還京師就醫。挺之從之。林甫以其奏白上。云挺之老疾。宜且授之散秩。使便醫藥。上歎吒久之。以爲詹事。

臣按。書稱四凶之罪。曰象恭滔天而已。曰巧言令色孔壬而已堯能知之而舜能去之所以爲聖也林甫於數者之惡蓋悉兼之而明皇不能察者欲汨之也詩曰盜言孔甘惟言之甘故人蒙其害而不知此所以爲盜也林甫之口有蜜腹有劍所以爲國之大賊乎傳曰苦言藥也甘言疾也使明皇能知苦言之爲藥甘言之爲疾九齡不去林甫不相則雖有祿山能爲難乎故內有衣冠之盜然後外有干戈之盜然則衣冠之盜將何以察之曰眡其言之甘苦而已矣蓋未有正人而甘其言亦未有邪人而能苦其言

者也。林甫既以此誤其君。又以此誤其同列。盧絢之賓詹。嚴挺之之養疾。皆以甘言誤之。而實加擯廢焉。亦猶以甘言誤明皇。陷之於播遷之辱也。吁可畏哉。

林甫居相位。固寵市權。蔽欺天子耳目。諫官皆持祿養資。無敢正言者。補闕杜璡再上書言政事。斥爲下邽令。因以語動其餘曰。明主在上。羣臣將順不暇。亦何所論。君等不見立仗馬乎。終日無聲。而飫三品芻豆。一鳴則黜之矣。後雖欲不鳴。得乎。由是諫爭路絕。

臣按。姦臣顓國。必先壅塞言路。使人主懵然孤立於上而盲然無覩於外然後得以恣其所欲為大而篡國小而顓政無不可者故正先死而趙高肆王章僇而王鳳熾杜琎斥而林甫橫為人主者可不監哉

貞觀以來任蕃將者如阿史那社尒契苾何力皆以忠力奮然猶不為上將皆大臣總制之故上有餘權以制於下先天開元中（睿宗玄宗年號）若薛訥郭元振張說等自節度使入相天子林甫疾儒臣以方畧積邊勞且大任欲杜其本以久其權即說帝曰以陛下雄材國家富彊而夷狄未滅者由文吏為將憚矢石不身

先不如用蕃將彼生而雄養馬上長行陳天然性也若陛下感而用之必先夷狄不足圖也帝然之因以安思順代林甫領節度而擢安祿山高仙芝哥舒翰等專爲大將林甫利其虜也無入相之資故祿山得專三道勁兵處十四年不徙天子安林甫策不疑也卒稱兵蕩覆天下王室遂微

臣按一言喪邦者昔聞之矣一言而遺禍數百載者有之乎曰有之如林甫之請任蕃將是也蓋自祿山反唐幾亡肅宗雖崎嶇中興而兩河之地半爲降虜所有更相傳襲終唐之世不能

取蕃鎮跋扈動輒舉兵內嚮唐卒以是失天下五代之亂生人肝腦盡矣至于本朝然後收方鎮之權天下合于一自天寶末迄建隆初凡二百有七年推原禍本由林甫以蕃將代儒將故也彼其用心不過欲杜節度使入相之階以久巳權而中國板蕩生民塗炭遂自茲始自昔姦臣之禍天下未有若是其酷者也

上晚年自恃承平以爲天下無復可憂遂深居禁中專以聲色自娛悉委政事於林甫林甫媚事左右迎合上意以固其寵杜塞言路掩蔽聰明以成其姦妬

賢嫉能。排抑勝已。以保其位。屢起大獄。誅逐貴臣。以張其勢。自皇太子以下畏之側足。凡在相位十九年。養成天下之亂。而上不之悟。

臣按。此唐舊史論林甫之語也。林甫心迹盡於此矣。

楊國忠者。太真妃之從祖兄也。其妹虢國夫人居中用事。帝所好惡。國忠必探知其微。帝以爲能。

臣按。女子小人表裏交煽者。危國亡家之本。前蓋屢言之矣。若國忠者。身既用事於外。其妹又用事于中。宜其能深探動息。阿意迎合。而帝以爲能也。

國忠爲宰相，便佞專徇帝嗜欲，不顧天下成敗。知帝雅意事邊，故身調兵食，取習文簿惡吏任之，軍凡須索，快成其手。

臣按：明皇前任林甫，後任國忠，二人之操術略同，大抵徇帝之欲而已。知帝有意於邊事也，則身調兵食，任惡吏以掌文簿，苟取集事，他不遑䘏也。雖然，使明皇無縱欲之念，雖姦臣其能窺所欲而徇之乎？故曰：人君之心正，則朝廷百官無敢不正者。

南詔質子閣羅鳳亡去。帝欲討之。國忠薦鮮于仲通爲蜀郡長史。率兵六萬討之。戰瀘川。舉軍沒。獨仲通挺身免。國忠匿其敗。更叙戰功。使白衣領職。劍南節度李宓將兵七萬擊南詔。閣羅鳳誘之深入。宓被擒。全軍皆沒。國忠隱其敗。更以捷聞。益發中國兵討之。前後死者幾二十萬人。無敢言。

臣按記曰。四方有敗。必先知之。此之謂民之父母。明皇末年。委政國忠。雲南喪師至二十萬。而國忠反以捷聞。明皇至是塊然尸位。猶土木偶人矣。姦臣敢於蒙蔽如此。爲人主者。其可不以天下爲視聽哉。

上憂雨傷禾。國忠取禾之善者獻之。曰雨雖多。不傷稼也。上以爲然。扶風太守房琯言所部水災。國忠使御史推之。是歲天下無敢言災者。

臣按。忠臣之心。惟恐人君不畏災異。魏相之以逆賊風雨告宣帝是也。姦臣之心。惟恐人主知畏災異。國忠謂霖雨不害稼以欺明皇是也。蓋人主知畏天災。必求己過。必更弊政。必去小人此忠臣之所樂。而姦臣之所不便也。故其操術不同如此。近世王安石遂有天災不足畏之語

吁莫大於天莫神於天而猶不足畏則尊居人上復何所憚耶嫚天欺君其罪不在國忠下可勝誅哉

安祿山專制三道陰蓄異志殆將十年以上待之厚欲待上晏駕然後作亂會楊國忠與祿山不相悅屢言祿山且反上不聽國忠數以事激之欲其速反以取信於上祿山由是決意遂反發所部兵十五萬衆以討國忠爲名上召宰相謀之國忠揚揚有德色曰今反者獨祿山耳將士皆不欲也不過旬日必傳首詣行在上以爲然大臣相顧失色

臣按祿山之所以反者由林甫養成之而國忠激發之也國忠身爲大臣而激賊使發者果何爲哉欲人主信其言之驗而自保寵祿故也葢姦臣之心苟可以爲己之利者雖危國家覆宗社而不顧吁可畏哉方是時祿山長驅向闕聲震河洛而國忠猶進諂言以惑上聽其志亦以取悅爾而馬嵬之變身首殊分家族殄滅寵祿果可保耶秪足爲姦臣之戒而已

以上論憸邪罔上之情

大學衍義卷之十九　終

大學衍義卷之二十

宋 學士 眞德秀 彙輯
明 史官 陳仁錫 評閱

格物致知之要二

辨人材

憸邪罔上之情 姦臣

元載在肅宗朝因李輔國薦擢平章事（李輔國宦官之用事者事見後）後肅宗潛誅輔國載預其謀代宗即位載權益盛又以貨結內侍董秀使主書卓英倩潛與往來上意所屬載必先知之承意探微意無不合上以是愈愛

之。

臣按元載之承意探微即李林甫之善刺帝意也。先結輔國後結董秀即李林甫之賂上左右也。姦慝相師不謀而合蓋如此。

元載專權恐奏事者攻訐其私乃請百官凡論事先白長官白宰相然後奏聞仍以上旨諭百官曰比來諸司奏事言多讒毀故委長官宰相先定其可否刑部尚書顏眞卿上疏以爲郎官御史陛下之耳目今使論事者先白宰相是自掩其耳目也陛下患羣臣之爲讒何不察其言之虛實若所言果虛宜誅之果

實宜賞之不務爲此而使天下謂陛下厭聽覽之煩
託此爲辭以塞諫諍之路臣竊爲陛下惜之太宗著
司門式曰其無門籍人有急奏者皆令門司與仗家
引奏無得關礙所以防壅蔽也天寶以後李林甫爲
相深疾言者道路以目上意不下逮下情不上達蒙
蔽喑嗚卒成幸蜀之禍陵夷至于今日其所從來者
漸矣夫人主大開不諱之路羣臣猶莫盡言況今宰
相大臣裁而抑之則陛下所聞見者不過三數人耳
天下之士從此鉗口結舌陛下見無復言者以爲天
下無事可論是林甫復起於今日也昝林甫雖擅權

羣臣有不詣宰相輒奏事者則託以它事陰中傷之猶不敢明令有司奏事皆先白宰相也陛下儻不早悟漸成孤立載聞而恨之奏眞卿誹謗貶峽州司馬

臣按元載之杜塞人言亦林甫故智也顔眞卿之論可謂盡其情狀矣後之專政諱言者往往習爲蒙蔽雖言官論事必令以稾草先白有去焉有取焉是又祖元載之故智也惟其姦慝之相師是以危亂之相尋嗚呼悲夫

元載弄權舞智政以賄成僭侈無度上戒之不悛會有告載圖爲不軌者上命收載賜自盡有司籍其家

胡椒八百石。它物稱是。

臣按忠臣必廉而廉者必忠姦臣必貪而貪者必姦故諸葛亮盡忠於蜀而成都止有桑八百株元載爲姦於唐而胡椒至八百石人主以是觀之可以識忠臣姦臣之分矣

順宗爲太子翰林待詔王伾善書王叔文善碁俱出入東宮娛侍太子叔文譎詭多計自言讀書知治道遂大愛幸與王伾相依附帝即位有疾常深居施簾帷獨宦官李忠言昭容牛氏侍左右百官奏事自帷中可其奏以伾爲左散騎常侍王叔文爲起居舍人

大抵計事叔文依伾伾依李忠言忠言依牛昭容轉相交結每事先下翰林使叔文可否然後宣於中書韋執誼承而行之執誼以黨伾等得宰相外黨則韓泰柳宗元劉禹錫等主采聽外事謀議唱和日夜汲汲如狂互相推獎曰伊曰周曰管曰葛僴然自得謂天下無人榮辱進退生於造次惟其所欲不拘程式士大夫畏之道路以目

臣按伾文居中用事內則有宦官宮妾爲之表裏外則有士大夫之好進者爲之謀議此其所以能專制朝權也然推其本則由順宗深居簾

帷不與羣臣接故此輩得以售其姦故爲人君者必體明出地上之象赫然臨下則魑魅罔兩影滅跡絕矣

盧杞開元宰相懷慎孫也懷慎清儉稱賢相貌醜色如藍有口辯德宗悅之擢爲御史大夫郭子儀每見賓客姬妾不離側杞嘗往問疾子儀悉屏侍妾或問其故子儀曰杞貌陋而心險婦人輩見之必笑它日杞得志吾家無類矣尋擢門下侍郎同平章事杞鄙陋無文學楊炎與同在相位輕之多託疾不與會食杞亦恨之杞陰狡欲起執立威小不附者必欲寘之死地引

大常博士裴延齡爲集賢殿學士。親任之。未幾譖炎罷政事。

臣按姦邪之臣。將盜有國柄。必先引同巳者爲之黨。而去異巳者。使不得沮吾事。則威權悉出吾手矣。盧杞之引延齡。罷楊炎。蓋以此也。

初楊炎爲相。惡京兆尹嚴郢。左遷大理卿。盧杞欲陷炎引郢爲御史大夫。先是炎將營家廟。有宅在東都。憑河南尹趙惠伯賣之。惠伯買以爲官廨。郢按之以爲有羨利。杞召大理正田晉議法。晉以爲律監臨官市買有羨利。以乞取論。當奪官。杞怒。貶晉衡州司馬。更召宅吏議法以爲監主自盜罪當絞炎廟正直蕭嵩廟地杞因譖炎曰茲地有王氣玄宗令嵩徙之炎有異志故於其地建廟炎貶崖州司馬遣中使護送未至縊殺之惠伯貶多田尉亦殺之

臣按姦臣將盜國柄必以殺僇立威杞惡楊炎旣譖殺之趙惠伯何罪亦殺之蓋不如是無以張巳之權而使士大夫懾服之也是時德宗在位未久而杞巳得以私意殺大臣異時失國奔播之禍於此可占矣

上初卽位崔祐甫爲相務崇寬大故當時政聲藹然

不攬權自寬大

以爲有貞觀之風及杞爲相知上性多忌因以疑似離間羣臣始勸上以嚴刻御下中外失望

臣按姦臣欲盜國柄必𥈹人君意嚮而迎合之杞知德宗性多忌克故惑之以疑似而道之以嚴刻德宗喜其能合已意於是信之篤任之專而羣臣莫能間矣

上以幽州兵在鳳翔思得重臣代朱泚鎮之杞忌張鎰忠直（鎰同爲相者）爲上所重欲出之于外已得專總朝政乃對曰朱泚名位素崇鳳翔將校班秩已高非宰相信臣無以鎮撫臣請自行上俛首未言杞又曰陛

下必以臣貌寢不爲三軍所伏固惟陛下神算上乃顧鎰曰才兼文武望重中外無以易卿鎰知爲杞所排而無辭以免因再拜受命鎰至鳳翔未幾爲泚將李楚琳所殺

臣按姦臣專國必先以術去同列之異意者故杞先逐揚炎繼黜張鎰炎不足道也鎰暴忠王室魁然有宰相器杞以其爲上所親愛思所以間之會隴右用兵即自請行德宗不可然後薦鎰夫所以先自請行者欲以嘗帝意也儻德宗即從其請則其術窮矣然杞揣帝以其貌寢不

謀定而後言殆不止此

足以威服諸將必不使之徃也當是時惟鑑與巳益相既不遣杞則遣鑑無疑矣此杞之狡謀德宗蓋墮其中而不知者也吁姦邪情狀每每如此人主其深察之

盧杞秉政知上必更立相恐其分巳權乘門薦吏部侍郎關播儒厚可以鎮風俗以播爲中書侍郎平章事皆決於杞播但斂袵無所可否上嘗與宰相論事播意有所不可起立欲言杞目之而止還至中書杞謂播曰以足下端慤少言故相引至此曏者奈何發口欲言邪播自是不敢復言

臣按姦臣專國必求士大夫柔懦緘默易制者爲己之貳然後權一出于己而莫與爭霍光之用楊敞李林甫之用陳希烈是也彼其人品素下何敢以廊廟自期一旦爲權臣引拔至此方銜恩思報之不暇其安有所同異乎杞之用關播意蓋如此近世蔡京秦檜韓侂胄之徒亦倣此術故能久專國政人主不可以不察

李希烈反上問計于盧杞杞曰誠得儒雅重臣奉宣聖澤爲陳逆順禍福希烈必革心悔過可不勞軍旅而服顔真卿三朝舊臣忠直剛决名重海内人所信

服眞。其人也。上以爲然。命眞卿詣許州宣慰。詔下。舉朝失色。李勉表言失一元老。爲國家羞。眞卿至許州。爲希烈所留。眞卿叱責之。竟爲所殺。

禮部尚書李揆有才略。杞惡之。以爲入蕃會盟使。揆言臣不憚遠行。恐死于道路。不能達詔命。上謂之惻然。杞曰。使遠夷。非諳練朝廷故事者不可。且揆行。則自今年少於揆者。不敢辭遠使矣。揆卒于路。

臣按。眞卿忠鯁老臣。著節累朝。揆之名望。亦爲當時所重。杞皆以術排之。遣眞卿使希烈。卒爲所殺。遣揆使吐蕃。亦死于行。蓋皆用陽譽陰擠之謀，而德宗不能察也。然惟德宗自無愛憎忠賢之心，是以盧杞得行其排陷忠良之計，豈獨杞之罪哉。

涇師亂，涇原兵亂犯闕，擁朱泚爲主，泚遂稱帝。帝出奉天，奉天城名。杞從李懷光自河北還，數破賊，泚解去。或謂王翃、趙贊二人皆杞黨，翃爲京光尹，贊判度支。曰：聞懷光嘗斥宰相不能謀，度支賦歛重，而京光刻軍賜，宜誅之以謝天下。方懷光有功，上必聽用其言，公等殆矣。二人以白杞，杞懼，卽譎帝曰：懷光勳在宗社，賊憚之破膽。今因其威，而一舉而定若許來朝，則犒賜留連，賊得裒整殘餘，爲完守計，圖之實難不如乘勝便平京師破竹之勢也帝然之詔懷光無朝進屯便橋懷光自以千里赴難有大功爲姦臣沮閒不一見天子內怏怏無所發遂謀反因暴言杞等罪惡有議譁沸皆指目杞帝始悟貶爲新州司馬

臣按蘇軾嘗言李斯憂蒙恬之奪其權則立二世以亡秦盧杞恐懷光之數其惡則誤德宗以再亂其心本生於患失其禍乃至於喪邦臣謂懷光千里勤王克戡大難乃不得一見天子蓋事理之必不可者而德宗惑于杞言不使入朝

葢以乘勝滅賊之說中帝之欲故也於是懷光變忠爲逆與泚交通乘輿復有蜀道之幸矣姦邪誤國一至於此由德宗不明之罪也

貞元中帝從容與李泌時爲相論即位以來宰相曰盧杞忠清彊介人言杞姦邪朕殊不覺其然泌曰人言杞姦邪而陛下獨不覺其姦邪此杞之所以爲姦邪也儻陛下覺之豈有建中之亂乎帝又曰盧杞小心朕所言無不從對曰杞言無不從豈忠臣乎夫言而莫予違此孔子所謂一言而喪邦者也

臣按盧杞之姦邪藴於心者固未易測而見于

事者亦可知矣。忠賢如張鎰、顏真卿而陷之死地。凶逆如朱泚而保其不反。有功如李懷光而激之使亂。天下之人所以皆知其姦邪也。而德宗獨不知之。善乎李泌之對也。夫爲姦邪而人主覺之。則其術亦淺矣。惟天下之人皆知。而人主獨墮其術中而不知。則其蔽蒙眩惑必有甚工且密者。然求其所以然。則亦言無不從而已。夫言無不從者。姦臣鉤其君之餌也。人主樂其餌之甘。而忘其鉤之害。則亦必亡而已矣。

穆宗時。李逢吉爲相。内結知樞密王守澄。守澄。宦官之用事者宰相惟不與吏部事，則能平章；吏部惟不與兵部事，則能平章兵部。故以事權還六部，以公論還臺諫，正以大權還君父也。

勢傾朝野。惟翰林學士李紳每承顧問，嘗排抑之。逢吉患之，而待遇方厚，不能遠也。會御史中丞缺，逢吉薦紳宜在風憲之地。上以中丞亦次對官，不疑而可之。會紳與京兆尹韓愈爭臺參，逢吉奏二人不協，以愈為兵部侍郎，紳為江西觀察使。愈、紳入謝，上各令自叙其事，乃深悟，復以愈為吏部侍郎，紳為兵部侍郎。敬宗立，逢吉又誣紳將不利于上，貶端州司馬。

臣按：逢吉之薦李紳，亦猶賈充之薦任愷也。蓋學士在唐最為親近，有內相之名。中丞雖風憲之長，而非密近之地，去內廷而任外司，則逐之也易矣又紳與韓愈皆有剛直名以一事中二人逢吉之術益甚巧也而穆宗之昏庸乃能察之延問本末而二人復留問之爲益蓋如此近世言官事之忤宰相者多以美職遷之若中丞之于六曹尚書諫議侍御之于侍郎司諫正言之于起居郎舍人殿中監察之于列寺卿少其位則遷而其權則貶名曰優之而實抑之一去言職或黜或逐無不可者故爲言職者往往自結於宰相以取要官人主不可不察也

李訓斂于辯論多大言自標置鄭注佐昭義府訓往

去惡二字誤入

見相得甚歡。注介之謁王守澄。中人用事者守澄善遇之。并薦訓注于帝。文宗也訓持詭辨激昂可聽。善鉤揣人主意。帝見其言縱橫。謂果可任。遂不疑而待遇莫與比。進翰林學士。居中倚重實行宰相事。訓本挾奇進及大權在已。銳意去惡。故與帝言天下事。無不如所欲。挾注相朋比務恩復讎。不踰月同平章事。每進見他宰相避位。天子傾意。宦官衛兵皆慴憚迎拜。天下險怪士徼取富貴。皆憑以爲資。訓時時進賢才偉望以悅士心。人皆惑之。

鄭注以方技游江湖間。多藝。詭譎陰狡。億揣人度隱

李愬薦之王守澄守澄薦注召入對浴堂門賜賚至
渥是夜彗出東方長三尺芒耀怒急俄遷太僕卿兼
御史大夫天資貪沓既藉權寵鬻官射利貲積鉅萬
不知止險人躁夫有所干請日走其門李訓既附注
進于是兩人權震天下矣俄擢翰林侍講學士時訓
已在禁中日日議論帝前相倡和謀鉏翦中官自謂
功在晷刻帝惑之乘是進退士大夫撓亂朝法衆策
其必亂未幾訓等僞稱甘露降金吾左仗樹命中尉
仇士良往視因欲誅之事敗皆族誅之史臣贊曰李
訓浮躁寡謀鄭注斬斬小人邀幸天功寧不殆哉文

不識人倫
有何奇才

此物最宜
豁亦易搭

宗與宰相鄭覃稱訓禀五常性服人倫之教不如公等然天下奇才公等弗及也李德裕曰訓曾不得齒徒隷尚才之云世以德裕言爲然傳曰國將亾天與之亂人若訓等持腐株支大厦之顚天下爲寒心豎毛文宗偃然倚之成功卒爲閹謁所乘天果厭唐德哉

臣按漢高帝稱周勃重厚少文然安劉氏必勃也訓注以陰狡之資濟之以瀾翻之辯文宗不察目爲奇材倚之以就大事其與高帝之任周勃異矣宜其敗也是以沾沾自喜之徒喋喋多

言之輩。明主遠諸。

武宗立。仇士良以左衛上將軍內侍監致仕。士良。內臣。自憲宗世用事。至是五朝。其黨送歸私第。士良教以固權寵之術。曰。天子不可令閑。常宜以奢靡娛其耳目。使日新月盛。無暇更及它事。然後可以得志。慎勿使之讀書。親近儒臣。彼見前代興亡。心知憂懼。則吾輩疏斥矣。其黨拜謝而去。

范祖禹曰。小人莫不養君之欲。以濟己之欲。使其君動而不靜。爲而不止。則小人得以行其計矣。豈獨奢靡之娛耳目。足以蕩君心哉。或殖貨利。或治

宮室或開邊境隨其君之所好皆以竊權寵也

臣按祖禹之論善矣然士良所謂可以得志者則未然也夫人主修德講學則天下安昆蟲艸木亦皆得所況左右之臣其有不得所者乎人主德不脩學不講則天下亂昆蟲艸木亦皆失所況左右之臣其有得所者乎故秦室危而斯高僇漢業壞而張趙誅（趙忠 張讓）士良小人但知以竊權固寵為榮而不知國敗家亡則權寵亦無自保之理故士良用事五朝身雖幸免而破家之禍卒貽於身後曷若馬存亮輩不貪權不溢

寵爲能保其身哉然士良之言自古姦臣之所未道爲人主者宜寫此一通置之坐側必近儒生必親經史則奢靡之不能惑姦佞之不能蔽也必矣否則有不爲士良輩所愚者

崔胤喜陰計附離權彊其外自處若簡重而中險譎可畏昭宗用爲平章事素厚朱全忠（全忠即朱溫本黃巢之將後降以爲節度使）委心結之陰爲全忠地俾擅兵四討數爲全忠盡醜討先是全忠雖據河南顧彊諸侯相持未敢窺圖及胤與相結得梯其禍取朝權以成彊大終亡天下胤亦身屠家滅時有崔昭緯者亦相昭宗密結

中人外連強諸侯制天子以固其權後誅死又有柳璨者爲相挾全忠爲重會彗星出太微文昌間占者曰君臣皆不利宜多殺以塞天變璨乃手疏所仇嫉者若獨孤損等三十餘人皆誅死天下以爲冤後全忠急於九錫疑璨沮已殺之唐史姦臣傳贊曰木將壞蟲實生之國將亡妖實產之故三宰嘯凶牝奪晨（三宰謂李勣許敬宗李義府皆勸高宗立武后也）林甫將蕃黃屋奔鬼質敗謀興元蹙（謂盧杞也）崔柳倒持李宗覆（謂崔嗣柳璨也）嗚呼有天下者可不戒哉

臣按姦賊之臣大抵有所挾然後得肆其惡若

許敬宗李義府則挾賊后以制其君而武氏因之以移國崔胤柳璨則挾賊臣以脅其君而朱温因之以篡位嗚呼可畏也哉近世有歸自北庭而主和戎之議者則于誓書明言毋得擅易宰相此又挾讎怨以要其君也屬時清明能專政而不能竊國然其情狀實

聖朝之姦賊故併著焉

以上論憸邪罔上之情

大學衍義卷之二十終

大學衍義卷之二十一

宋　學士　真德秀　彙輯

明　史官　陳仁錫　評閱

格物致知之要二

辨人材

憸邪罔上之情 讒臣

詩十月之交大夫刺幽王也其八章曰黽勉從事不敢告勞無罪無辜（辜亦罪也）讒口囂囂（囂囂衆多貌）下民之孽匪降自天（孽災害也）噂（音撙上聲）沓背憎職競由人（噂聚也沓重復也背多言之貌職主也競爭也）

臣按是時十月之朔日有食之陰盛陽微謫見于天又有震電之異川湧山頹之變詩人推原其故以讒人之衆多也士大夫竭力以從王事不敢告勞而無罪無辜橫遭讒口是非顛倒邪正混淆此天之所以見異也然則災害之降人自爲之豈天也哉讒邪小人面則多言以相悅背則憎疾以相毀職此紛競者豈非人乎其人爲誰曰前章所謂皇父也家伯也仲允也番也棸音鄒也蹶也楀音舉也此七子者皆王朝之卿大夫士而競爲讒口而又有艷妻處中以爲之主

女子小人表裏交煽此讒口之所以得行君子之所以受屈也噂沓背憎四字耳而於讒人之情態摹寫略盡人主其可以不三復哉

小弁音盤大夫刺幽王也太子之傅作焉太子幽王之子宜臼也其七章曰君子信讒如或酬之酬醻酢之義也君子不惠不舒究之舒緩也究察也

臣按傳稱幽王取申女生太子宜臼又說褒姒生子伯服立以爲后而放宜臼將殺之故太子之傅爲此詩以刺王也父子天性之恩太子天下之本幽王一聽褒姒之讒如受獻酬之爵得

則飲之。曾不少拒。夫讒者之言。驟而聽之。則不能無惑。徐而察之。則可得其情。幽王惟無愛子之心。故一聞讒言。不復舒緩以究其實。而遽加放逐焉。此太子所以不能自明也。雖然褒姒亦豈能自爲讒哉。國語謂褒姒有寵。於是乎與虢石父比而逐宜臼。虢石父者。讒諂面從之人也。幽王立之以爲卿士。聘后棄而內妾立。庶孽寵而嫡長危。皆石父實爲之也。卒使申侯銜忿以召戎。幽王死。褒姒虜。宜臼雖立而周東遷矣。讒人之害至于如此。可不監哉。

巧言刺幽王也大夫傷於讒故作是詩也其二章曰
亂之初生僭始既涵僭側蔭切涵容也亂之又生君子信讒
君子如怒亂庶遄沮遄速也沮止也君子如祉亂庶遄已祉猶喜也已亦止也

臣按小人爲讒於其君必以漸入之其始也進而嘗之君容之而不拒于是復進既而君信之然後亂成矣僭始之僭與譖同譖者讒之初讒者譖之極方譖之始涵容之而不辨則亂生及讒之進又信之而不辨則亂成必也聞讒而怒聞善而喜好惡明白斷决不疑則亂爲之止矣

故人君杜絕讒邪之道。一曰辨。二曰斷。又按此詩凡六章。皆斥讒人之害。而三章有曰盜言孔甘。孔甚也。亂是用餤。餤進也。五章有曰。巧言如簧。顏之厚矣。蓋讒夫小人乘間伺隙。以中君子。如穿窬之盜。然惟其言之甘。故聽者嗜之而不厭。此亂之所由以進也。憸巧之言。悅可人意。如笙簧然。使其知媿則不爲矣。惟其顏之厚。是以爲之而不耻也。人君之于聽言。知其爲盜則謹防之。知其爲巧。則深遠之。夫然後讒夫不得而昌。君子得以自立。此詩人垂戒之指也。

何人斯，蘇公刺暴公也。暴、蘇皆畿內國名。暴公爲卿士而譖蘇公焉，其卒章曰：爲鬼爲蜮，蜮，短狐也。所謂含沙射影者。則不可得，有靦面目，靦，面目人之貌。視人罔極。

臣按此深嫉讒者之辭也。鬼蜮害人而不可見，讒者藏形匿迹，使人受禍而不知，猶鬼蜮然。我雖不汝見，汝有面目與人相視，無有窮極，獨能安之而不媿乎？夫小人之爲讒，豈復有媿于面目，而詩人猶以此望之，厚之至也。

巷伯刺幽王也。寺人傷於讒，故作是詩也。寺人，內臣。巷伯，寺人之長。萋兮斐兮，成是貝錦。萋斐，文章相錯也。貝錦，錦文也。彼譖人者亦已太甚。哆兮侈兮，成是南箕。（哆侈，皆張大貌。南箕，箕宿。）彼譖人者，誰適與謀。緝緝翩翩，謀欲譖人。（緝緝，口舌聲。翩翩，往來貌。）愼爾言也，謂爾不信。捷捷幡幡，謀欲譖言。（捷捷，猶緝緝也。幡幡，猶翩翩也。）豈不爾受，既其女遷。驕人好好，（好好，喜也。）勞人艸艸。（艸艸，憂也。）蒼天蒼天，視彼驕人，矜此勞人。（矜，憫也。）彼譖人者，誰適與謀。（此二句疑衍文。）取彼譖人，投畀豺虎。（投，棄也。畀，與也。豺，惡獸。虎，猛獸。）豺虎不食，投畀有北。（北方也。）有北不受，投畀有昊。（昊，昊天也。）楊園之道，猗于畝丘。（楊園，園名。猗，加也。畝丘，丘名。）寺人孟子，作爲此詩。（寺人，字孟子。）凡百君子，敬而聽之。

臣按：幽王之時，讒說盛行，自太子之親，大臣之重下至於閹寺之微無不被讒者故小弁以下諸詩皆爲此作夫爲讒者巷伯也而寺人乃以刺王蓋君德不明而後讒者獲售受此責者非王而誰首章以貝錦爲比蓋讒者織組人罪如錦工之爲錦也錦成而文采可玩猶讒成而文理可聽也彼譖人者無乃太甚乎二章以南箕爲比箕星在南其形如箕踵狹舌廣蓋讒者之張其口如南箕之廣其舌彼誰與謀而爲是乎三章四章則皆形容讒者情態緝緝捷捷者口舌急疾之聲翩翩幡幡者往來經營之狀詩人

雖疾之而猶戒之曰汝不謹其言人亦將不汝
信矣汝譖人而人受之人亦將譖汝而還自反
矣五章則以驕人譖行而自喜勞人遇譖而深
憂呼天而愬曰其察彼驕人乎其憫此勞人乎
情之哀辭之切至今誦之猶使人涕泗也六章
欲取譖人者而棄之豺虎焉豺虎不食則欲置
之北方陰寒之地焉北方不受則又欲委之于
天而制其罪焉蓋讒人為害至深故詩人疾之
亦甚舜之治四凶也必投諸四裔以禦魑魅而
大學於不仁之人欲迸諸四夷不與同中國詩

豈弟之心不遠而讒亦入之君子戒戒

人之情亦若是也。末章又言楊園下地，而其道可至于高丘，以喻寺人卑者，而譖言先及焉。且將馴至于高位也。小弁以下諸詩，皆爲讒而作。而疾惡之甚，莫如此篇，故悉載其全，以爲來者之鑒。

青蠅，大夫刺幽王也。營營青蠅，止于樊。營營，往來貌。樊，藩也。豈弟君子，無信讒言。豈弟，樂易也。營營青蠅，止于棘。棘，木之有刺者也。多近藩植之。讒人罔極，交亂四國。極，已也。營營青蠅，止于榛。榛，所以爲藩也。讒人罔極，構我二人。構，猶合也。合構交亂也。

臣按：青蠅之爲物，出於汙穢之中，而貪嗜食飲，

常譁然杯案間以敗人之酒醪羹胾世之小人
行汙而逐利以傷人害物實似之營營者既俾
其狀又象其聲也蠅之飛或往或來若有所營
而聲又營營不已以喻讒邪之人朝夕經營欲
陷害人而言出于口亦營營然不息也詩人妙
體物情故形容如此止于樊止于棘止于榛者
欲其棲泊于外毋入人堂室以汙物亦猶讒邪
之人安屏之於外毋在朝廷以傷善良也自昔
不惟狂暴之君信讒害政雖慈祥樂易之君一
惟讒言是信亦能變移心志如成王疑周公是

也。成王豈非樂易之資哉。始爲管蔡流言所入。幾至猜阻。賴天動威而後悔。故曰豈弟君子。無信讒言也。讒人之情。志在傷善。無有窮也。故家有讒則家亂。國有讒則國亂。管蔡流言而四國不靖。乃其驗也。故曰讒人罔極。交亂四國。末章又指實事而言。二人者。當時被讒之人也。讒人之爲讒。皆架虛造端。如匠者湊合材木以成室。二人本無罪。而讒者巧成其罪。故曰讒人罔極。構我二人。痛其爲害之無已也。巷伯青蠅二詩。摹寫讒人之情狀。幾無餘蘊。爲人君者。其三復之。

晉獻公生太子申生，又娶二女於戎，生重耳、夷吾。晉伐驪戎，以驪姬歸，生奚齊，其娣生卓子。驪姬嬖，欲立其子，賂外嬖梁五與東關嬖五，梁，姓也。五，名也。在門閫之外者。東關嬖五，别在關塞者，亦名五。皆大夫。爲獻公所嬖幸。使言於公曰：曲沃，君之宗也。曲沃，晉先君宗廟所在。蒲與二屈，蒲、屈，皆邑名。君之疆也，不可以無主。宗邑無主，則民不威；疆埸無主，則啓戎心。若使太子主曲沃，而重耳、夷吾主蒲與屈，則可以威民而懼戎，且旌君伐。旌，章也。伐，功也。使俱曰：俱，謂同聲而言。狄之廣莫，於晉爲都。蒲、屈，本狄地名。遣二公子往都之。晉之啓土，不亦宜乎？啓，開也。晉侯說之使太子居曲沃，重耳居蒲，夷吾居屈，唯二姬子在絳。絳，晉國都。二五卒與驪姬譖羣公子而立奚齊。晉人謂之二五耦。言二人共墾傷晉室，如耦耕之墾土。○左傳

公之優曰施，通於驪姬。驪姬名。優，俳也。施其名。旁淫曰通。驪姬問曰：吾欲爲難，安始而可？難，謂欲殺三公子。始，先也。優施曰：必于申生。其爲人小心精潔，精潔易辱，甚精必愚，是故先施讒于申生。

得情可畏

優施教驪姬夜半而泣，謂公曰：吾聞申生甚仁而彊，今謂君惑於我，必亂國，無乃以國故而行彊于君。謂申生恐敗國之故，而以彊加於君。謂弒君也。盡殺我，無以一妾亂百姓。公曰：

揄揚罔上之情

夫豈惠於民而不惠於父乎。驪姬曰：爲仁與爲國不同。爲仁者，愛親之謂仁；爲國者，利國之謂仁。故長民者無親，衆以爲親。苟衆利而百姓和，豈能憚君？公懼曰：若何而可？驪姬曰：君盍老而授之政。彼得政而行其欲，乃釋君。公曰：不可。我以武與威，是以臨諸侯。未沒而亡政，不可謂武；有子而不勝，不可謂威。爾勿憂，吾將圖之。驪姬曰：皐落翟之苛我邊鄙，君盍使之伐翟，以觀其果于衆也。若不勝翟，雖濟其罪可也；若勝翟，則喜用衆矣，求必益廣，乃可厚圖也。公說，故使申生伐東山。東山，皐落氏也。申生敗翟而反，讒言益起。驪姬曰：

得此倔強之論

勝亦死敗亦死

吾聞申生之謀愈深，日吾固告君得衆，衆弗利焉能勝翟。今矜翟之善，其志益廣，君若不圖，難將至矣。公曰：吾不忘也，抑未有以致罪焉。驪姬告優施曰：君既許我殺太子而立奚齊矣，吾難里克，奈何？優施曰：吾來里克，一日而已。子爲我具特羊之饗，姬許諾，乃具，使優施飲里克酒。中飲，優施起舞，乃歌曰：暇豫之吾吾。吾讀如魚。魚魚者，游泳自得之意。不如鳥鳥。人皆集于菀，菀音鬱。木茂貌。已獨集于枯。此譏里克不能擇所依，不如鳥鳥能擇茂木而棲之。吾吾自得也。里克笑曰：何謂菀？何謂枯？優施曰：其母爲夫人，其子爲君，可不謂菀乎。此謂驪姬母子。其母既死，其子又有謗，可不謂枯乎。此指申生母子。里克曰。而言戲乎。抑有所聞之乎。曰。然。君既許驪姬殺太子而立奚齊。謀既成矣。里克曰。秉君以殺太子。吾不忍。秉者。執持之意。言扶助君以殺太子也。通復故交。吾不敢。交。與太子交也。中立其免乎。優施曰。免。中立。不阿君。亦不助太子。

○國語

將立奚齊。既與中大夫成謀。中大夫。即里克也。克既許以中立。即是成其殺太子之謀也。姬謂太子曰。君夢齊姜。必速祭之。太子祭于曲沃。歸胙于公。胙。祭之酒肉。公田。田。畋獵也。寘諸宮六日。公至。毒而獻之。毒酒。經宿輒敗。而經六日。明公之惑。公祭之地。地墳。墳。地裂也。與犬。犬斃。與小臣。小臣亦斃。姬泣曰。賊由太子。太子奔新城。或謂太子。子辭。君必辨焉。以六月之狀自理太子曰。君非姬氏居不安。食不飽。我辭。姬必有罪。君老矣。吾又不樂。吾自理則姬死。姬死則君必不樂。是由吾使然也。曰。子其行矣。行謂出奔。太子曰。君實不察其罪。被此名也以出。人誰納我。十二月縊于新城。姬遂譖二公子。曰皆知之。重耳奔蒲。夷吾奔屈。

臣按驪姬之讒申生也。其機變亦甚巧矣。夫父子之情。日相親近。則間言不得而入。惟以術離之。然後譖愬可施焉。故驪姬首賂二五。使說獻公出三子于外。此離之之術也。獻公者喜功貪得之人闢地啓土，正其所欲，故二五因以啗之。且爲之辭，發諸歌詠，以動盪其心志，公安得不悅而從之。三子既出，則圖之易矣。既又與優施謀作難之先後，優施知申生之可啗也，則請先之。其言曰「精潔易辱」，又曰「甚精必愚」。蓋精潔之人，惜名顧行，惟恐點汙，故曰易辱。以節自厲，不以智自全，故曰必愚。申生惟其精潔也，故一辱以弑君之名，則必以死自明而後已。臣前論石顯之陷蕭望之，其情亦然。夫必頑鈍無耻，沉鷙有謀之人，則雖辱之而不動。淮陰少年嘗辱韓

毀太子用其欲深刻然公用其謀猛

信矣。信寧甘俛出跨下之耻，不死也。諸葛亮嘗辱司馬懿矣，懿寧得畏蜀如虎之誚，不戰也。若申生則輕死重名，不能如信、懿之忍，可以術激之而使死。故優施欲先陷焉，然恐獻公未忍，果於殺也，則又夜半而泣，以危言動之，謂申生有將為逆之意。自請先死，公懼而謀之，則又勸授之政而避禍焉。夫獻公，剛猛人也，能滅霍、魏、虢、虞諸國以一其封，雖齊桓久主夏盟，未嘗一為之屈，而肯為其子屈乎？懷怒必殺之心，自此啓矣。然猶患無隙以加之罪也，則使將兵而伐翟

此中立謂得罪不容于死也

焉勝則加以得衆之名敗則繩以覆師之罪申生至是無逃死之路矣然又慮大臣或守正力爭則公之意未必不回也則又使優施往飲里克而諷其附麗之計鳥烏之歌亦猶二五晉都之歌也詩歌于人最爲易動故三姦之言無不售焉里克大臣也許以中立則殺嫡立庶之謀成矣獻公既惑驪姬之讒故歸胙之詐最爲易辨而不復辨申生之仁恐傷君意又不忍自辨惟有一死而巳申生死而二子奔無不如優施之所料者卒之獻公卒奚齊立里克弑之卓子

立又弒之奚吾立不終追重耳立而後定晉國之亂垂二十年由驪姬之讒而三姦助之也褒姒有一虢石父猶能合謀以逐宜臼況驪姬有三姦之助乎故女子小人表裏交締者危國亡家之本也

以上論憸邪罔上之情 讒臣

大學衍義卷之二十一 終

大學衍義卷之二十二

宋 學士 真德秀 彙輯

明 史官 陳仁錫 評閱

格物致知之要二

辨人材

憸邪罔上之情 讒臣

宋寺人惠牆伊戾為太子內師而無寵。惠牆氏。伊戾名。太子名痤。宋平公子。楚客聘于晉。過宋。太子請野享之。享楚客也。公使往。使太子往。伊戾請從之。公曰。夫不惡女乎。夫謂太子也。女音汝。對曰。小人之事君也。惡之不敢遠。好之不敢近。敬以待命。

敢有二心乎。臣請往也。至則歃用牲加書徵（詐作盟處。為太子反證驗。）而騁告公曰。太子將為亂。既與楚客盟矣。公曰。為我子。又何求。對曰。欲速。（言欲速得公位。）公使視之。則信有焉。問諸夫人與左師。（夫人。平公夫人。左師向戌。皆惡太子。）則皆曰。固聞之。公囚太子。乃縊而死。公徐聞其無罪也。乃烹伊戾。

臣按甚矣宋平公之闇也。初伊戾之請從太子以享客也。公固知太子之惡之矣。及設詐以陷太子。乃信之而不疑。夫歃牲加書。誰不能為乎。公聞之。逆折其姦而戮之。上也。徐究其妄而罪之。次也。乃遽用其言以囚太子。使不得自直而怨。太子。君之貳也。而輕之若是可乎。後雖能烹讒者。亦無益矣。詩所謂君子不惠。不舒究之。殆是之類歟。

宋寺人柳有寵。有寵于平公。太子佐惡之。痤既死，佐爲太子。華合比曰。我殺之。□不□害。欲殺寺人柳。以媚太子。柳聞之。乃坎用牲埋書。詐爲盟處。而告公曰。合比將納亡人之族。亡人，華臣也。前奔衛。既盟于北郭矣。公使視之有焉。遂逐華合比。

臣按坎牲埋書。伊戾以之誣太子痤矣。寺人柳又用之以誣華合比焉。使三尺童子嘗誤聽于前。猶必省悟于後。而平公又信之。以逐合比。區區區小數隨用輒驗非爲讒者之工乃聽者之不聰也我朝仁宗時元昊撓邊邊臣有欲間其驍將者乃陳牲酒於野若聞其將之死而祭之者祝辭具述交通之由而悼其不遂元昊邏者至則委而去之是亦坎牲加書之類其術至淺也元昊黠虜且墮吾邊臣之計疑其將而殺之況平公乎臣故併著之以明讒臣之譖敵國之間用智略同人主皆不可以弗察也

楚子之在蔡也楚平王也爲太子時往聘蔡生太子建及即位使伍奢爲之師伍奢伍舉之子伍員之父費無極爲少師無寵焉欲

譖諸王曰。建可室矣。室。妻也。王爲之聘於秦。無極與逆。勸王取之。逆。迎也。勸平王自娶秦女。楚夫人嬴氏至自秦。王自取之。故稱夫人。無極言于楚子曰。晉之伯也。邇于諸夏。而楚辟陋。故弗能與爭。若大城城父。而寘太子焉。城父。邑名。以通北方。王收南方。是得天下也。王説。從之。故太子建居于城父。明年。無極又言于楚子曰。建與伍奢將以方城之外叛。王信之。問伍奢。伍奢對曰。君亦過多矣。一過。納建妻。何信于讒。王執伍奢。太子建奔宋。

臣按。費無極以無寵之故。而譖太子。其始則勸平王爲納室焉。既娶秦女矣。又勸王自納焉。父子之疑隙既開。又勸王大城城父而寘太子以通北方焉。此即驪姬二五出申生居曲沃之故智也。父子之埶隔而情不通。且其居近北方。可以交通齊會。於是以叛譖之而併及伍奢焉。其搖之有漸。其發之有機。平王之心往往以為忠於已。而不知奪子之室。曾鳥獸之不如。無罪殺子。又虎狠之弗若。皆無極實陷之也。伍奢既死。子胥奔吳。卒啓異時入郢之禍。昭王出走。楚國幾亡。又無極實基之也。嗚呼。讒人之患一至此哉。

楚郤宛直而和。國人說之。鄢將師爲右領。右領，官名。與費無極比而惡之。謂二人相比附而忌疾郤宛也。令尹子常賄而信讒。無極譖郤宛焉。謂子常曰。子惡欲飲子酒。子惡，郤宛字。又謂子惡。令尹欲飲酒于子氏。子惡曰。我賤人也。不足以辱令尹。令尹將必來辱。爲惠已甚。吾無以酬之。若何。無極曰。令尹好甲兵。子出之。吾擇焉。擇取以進子常也。取五甲五兵。曰。寘諸門。令尹至必觀之。而從以酬之。及饗日。帷諸門左。張帷陳甲兵其中。無極謂令尹曰。吾幾禍子。子惡愿甚。子惡將爲子不利。言欲害令尹也。甲在門矣。子必無往。令尹使視郤氏。則有甲焉。不往。召鄢將師而告之。遂攻郤

險邪罔上之情

氏且薳之子惡自殺盡滅郤氏之族黨殺陽令終與其弟完及佗（令終陽自子）與晉陳及其子弟（晉陳楚大夫皆郤氏之黨）楚郤宛之難國言未已進胙者莫不謗令尹（進胙國中祭祀也謗詛也）沈尹戌言于子常曰（沈尹戌楚賢大夫）夫左尹（郤宛）與中廄尹（陽令終）莫知其罪而子殺之以興謗讟至于今未止夫無極楚之讒人也人莫不知喪太子建殺連尹奢（連尹官名即伍奢也）屏王之耳目使不聽明（屏蔽也）不然平王之溫惠共儉有過成莊（楚二先君）無不及者所以不獲諸侯邇無極也（邇親近之也）今又殺三不辜以興大謗幾及子矣子而不圖將焉用之吳新有君（光新立也）疆場日駭

楚國若有大事子其危哉知者除讒以自安也今子愛讒以自危也甚矣其惑也子常曰是瓦之罪瓦子常名敢不良圖九月子常殺費無極與鄢將師盡滅其族以說于國謗言乃止

臣按費無極之陷郤宛也豈不寃哉郤宛未嘗欲飲子常子常未嘗欲就郤氏以飲也鑿空造端締怨梯禍既勸以甲兵獻子常又從而讒之帷兵在門有實可驗子常安得而不信諸三族無罪而誅由無極一言以陷之也嗚呼酷哉善乎沈尹戌之言也曰屏王之耳目使不聰明夫

人君之耳目本自聰明讒人翳之於是耳不得聞天下之利害目不得覩天下之是非塊然孤立若聾瞽然斯語也豈獨爲無極哉古今讒人之害此一語足以蔽之矣

吳王闔閭以伍子胥之謀西破彊楚北威齊晉南伐越人後闔閭伐越越迎擊敗吳於姑蘇闔閭死子夫差立習戰射敗越于夫椒越王勾踐乃以餘兵五千人棲會稽之上使大夫種厚幣遺吳太宰嚭以請和求委國爲臣吳王將許之伍子胥曰越王爲人能辛苦能音耐今王不滅後必悔之吳王不聽用太宰嚭計

與越平。其後吳王夫差興師北伐齊。子胥諫曰。吳之有越。腹心之疾也。王不先越而務齊。不亦謬乎。吳王不聽。大敗齊師以歸。益疏子胥之謀。其後吳王又將伐齊。越王勾踐乃率衆助吳。而重寶以獻遺太宰嚭。嚭既數受越賂。日夜爲言。而吳王信嚭之計。伍子胥諫願釋齊而先越。吳王不聽。太宰嚭因讒曰。子胥爲人剛暴少恩。前日王欲伐齊。子胥以爲不可。王卒伐之而有大功。子胥耻其計謀不用。常鞅鞅怨望。願王早圖之。王曰。微子之言。吾亦疑之。乃使使賜子胥屬鏤之劍。曰。子以此死。子胥仰天嘆曰。嗟乎。讒臣嚭爲亂矣。告其舍人曰：而縣吾目於東門，以觀越之入吳也。乃自刭。吳王怒，取子胥尸盛於鴟夷（革囊也），浮之江。吳人憐之，祠於江上，因命曰胥山。

臣按：子胥，先王之謀臣，與國同體，故其諫夫差也，欲專意于越而後齊，金石之忠，著龜之智，未有加焉者也。宰嚭身爲大臣，受越重賂而反讒之。子胥之死，曾未十年而越滅吳矣。觀嚭讒胥之辭，一曰怨望，二曰怨望。夫爲人臣而怨其君，此必誅之罪也，故嚭以此中之。後之讒人欲陷大臣之忠直者，率祖此術。然則人臣有怨于其君果可誅乎曰怨若一而情不同夫子之事親雖勞不怨臣之事君亦然而大舜之有怨慕小雅之有怨誹何邪蓋勞不怨其常也至于懷誠抱義而君親不之察則或呼天以自愬曰父母之不我愛于我何哉曰天之生我我辰安在至離騷之作亦自怨生而存國安君之義一篇之中三致意焉斯怨也秪所以爲忠且孝歟若子胥之怨有無固未可知縱使有之亦必爲憂國愛君而發夫差以誣之讒而遽誅之宜其亡國也後之讒臣有以怨望誣君子者其深察之

衛侯占夢嬖人（以能占夢見愛）求酒于大叔僖子（僖子，太叔遺），不得，與十人比而告公，曰：「君有大臣在西南隅，弗去懼害。」（託占夢而言）乃逐大叔遺，遺奔晉。

臣按：大臣，重任也；卜夢，賤工也。以大臣之重，而爲賤工者私求弗獲，假卜夢以傾之，足以知衛侯之不明也。其後漢孝武時，丘子明之屬以卜筮射蠱，因公行誅，恣意所爲，以破滅闔者不可勝數。近世亦有郭天信之流，受賂薦人至于卿相，蓋其託卜筮也，若出于無心，而不知其實有心焉。嗚呼，戒哉！

魯平公嬖人臧倉者請曰他日君出則必命有司所之今乘輿已駕矣有司未知所之敢請公曰將見孟子曰何哉君所爲輕身以先於匹夫者以爲賢乎禮義由賢者出而孟子之後喪踰前喪君無見焉孟子前喪父後喪母踰過也公曰諾然倉之說樂正子入見曰君奚爲不見孟軻也曰或告寡人曰孟子之後喪踰前喪是以不往見也曰何哉君所謂踰者前以士後以大夫前以三鼎後以五鼎與三鼎士祭禮五鼎大夫祭禮曰否謂棺槨衣衾之美也曰非所謂踰也貧富不同也

臣按小人之讒毀君子必先探人主之意而爲

說以眩惑之魯平公之欲見孟子以其有禮義也臧倉旣知其意乃以孟子後喪踰前喪毀之謂其厚母薄父於禮義爲有愆也平公果惑其言不復往見蓋直以臧倉之毀爲然也小人之能轉移人主之意類如此殊不知孟子之後喪踰前喪者非於父母有所薄厚由其貧富不同爾夫喪禮稱家之有無孟子前貧後富故治喪之厚薄視其力焉正所謂義也烏得謂之踰哉樂正子之辨甚明而終不能回平公之惑者以臧倉之言先入故也小人誣善之辭豈不可畏

也哉。

鄒忌爲齊相。田忌爲將。不相悅。公孫閈齊人謂鄒忌曰。公何不爲王謀伐魏。勝則君之功也。戰不勝。田忌不進。無功不進用也戰而不死。曲橈而誅。曲橈謂師不直前而敗。漢法逗橈有誅鄒忌以爲然。乃說王使田忌伐魏。三戰三勝。鄒忌以告公孫閈。閈乃使人操十金卜于市。曰。我田忌之人也。吾三戰三勝。聲威天下。欲爲大事。吉否。大事謂反叛也。卜者出。因令人捕卜者。驗其辭于王前。田忌遂走。

臣按。公孫閈此謀。可謂淺矣。豈有謀畔其君而卜于市者哉。威王明主也。儻田忌出而與辨。其

事必直而辭忌屈矣何走之遽邪夫讒巧多端惟以理察之則其誣可以坐照不然未有不墮其欺者

秦使王翦攻趙趙使李牧司馬尚禦之數破走秦軍王翦惡之乃多與趙王寵臣郭開等金使爲反間曰李牧司馬尚欲與秦反趙以多取封於秦趙王疑之使趙葱與顔聚代將殺牧廢尚後五月翦擊破趙虜王遷

臣按郭開受秦金而讒李牧卒以亡趙蓋由有讒邪嗜利之臣然後敵間得行兵法之所謂內

間也。人主不察，鮮不墮其機者。

屈平。楚之同姓也。爲楚懷王左徒。博聞彊記。明於治亂。嫻於辭令。嫻音閑。習也。入則與王圖議國事。以出號令。出則接遇賓客。應對諸侯。王甚任之。上官大夫與之同列。爭寵而心害其能。懷王使屈原造爲憲令。屈原屬草稾未定。上官大夫見而欲奪之。屈平不與。因讒之曰。王使屈平爲令。衆莫不知。每一令出。平伐其功。曰。非我莫能爲也。王怒而疏屈平。屈平疾王聽之不聰也。讒諂之蔽明也。邪曲之害公也。方正之不容也。故憂愁幽思而作離騷。離騷者。猶離憂也。

臣按楚懷王之於屈平知其賢而任之矣一聞上官大夫之讒遽怒而疏之何耶人君之患莫大於與臣下爭能方王之使平草憲令也意必假手於平而倏其成以爲巳出上官大夫窺見此指故讒之于王謂平以此矜衆而伐功是正觸王之所忌也平之見疏也宜哉大抵姦人之欲激怒其君者必覘上意之所忌屈平之見疏由上官大夫以王之所忌而激之也夫惟聖明之君德度如天媢之而不喜激之而不怒者其庶免于讒賊之害乎

漢武帝時顏異以廉直至九卿上與御史大夫張湯造白鹿皮幣問異異曰今王侯朝賀以蒼璧直數千而其皮薦反四十萬本末不相稱天子不悅湯又與有隙及人有告異以它議事下湯治異與客語客語初令下有不便者異不應微反脣湯奏當異九卿見令不便不入言而腹非（非謂非毁時政也）論死自是後有腹非之法比（比則例也言自是遂爲例也）而公卿大夫多諂諛取容矣。

臣按胡寅曰腹誹之法不亦異哉自堯舜大聖猶以知人爲難知人之道必自聽言始是故敷

奏以觀其言明試以考其功庶幾乎盡之而大姦似忠大佞似信者尚不得而知也今乃揉其心腹之隱而罪之夫人心難測甚于知天腹之所藏何從而驗今指孝子曰爾欲悖父指忠臣曰爾欲背君指廉士曰爾欲穿窬指義士曰爾欲爲盜賊爾雖未言未爲吾知爾之心也然則凡所惡者孰不可殺邪夫管蔡將叛周公不知而張湯乃能隔皮肉骨血見人順逆之情吁亦異矣孔子曰不逆詐不億不信其于宰予曰吾聽其言而觀其行雖心如明鏡物無遁情終不

立逆探臆度之法。後之人臣。不幸有遭腹誹之

譏者。明主其尚察之。

漢武帝天漢末。天漢年號也。趙人江充爲趙敬肅王客。得

罪于太子丹。亡逃詣闕。告趙太子陰事。太子坐廢。上

召充入見。奇之。與語政事。大悅。由是有寵。拜爲直指

繡衣使者。使督察貴戚近臣踰侈者。充舉劾無所避。

上以爲忠直。所言皆中意。嘗從上甘泉。逢太子家使

乘車馬行馳道中。充以屬吏。太子聞之。使人謝充。

充不聽。遂白奏。上曰。人臣當如是矣。大見信用。威震京

師。

初上年二十九乃生戾太子甚愛之衛后所生及長仁恕溫謹上嫌其才能少不類己而所幸王夫人等皆生子皇后太子寵寖衰常有不自安之意上每行幸以後事付太子有所平決還白其最最凡目也上亦無異有時不省也上用法嚴多任深刻吏太子寬厚多所平反反音翻雖得百姓心而用法大臣皆不悅羣臣寬厚者皆附太子而深酷用法者皆毀之邪臣多黨與故太子譽少而毀多上與諸子疏皇后希得見太子嘗謁皇后移日乃出黃門蘇文告上曰太子與宮人戲上益太子宮人太子知之心銜文文與小黃門常融

等常微伺太子過失輒增加白之上嘗小不平使常融召太子融言太子有喜色上默然及太子至上察其貌有泣涕處而佯語笑上怪之微問知其情乃誅融是時方士及神巫多聚京師率皆左道惑衆女巫往來宮中教美人度厄每屋輒埋木人祭祀之因妒忌更相告訐上怒所殺宮人延及大臣死者數百人上心既疑嘗晝寢夢木人數千持杖欲擊上上驚寤因是體不平遂苦忽忽善忘江充自以與太子有隙見上年老恐晏駕後爲太子所誅因是爲姦言上疾祟在巫蠱於是上以充爲使者治巫蠱獄使人入宮

掘地求蠱，充云于太子宮得木人尤多。又有帛書不道當奏聞。少傅石德懼幷誅，因謂太子曰：巫與使者掘地得徵驗，不知巫置之邪，將實有也？無以自明，可矯以節收捕充等繫獄，窮治其姦詐。且上疾在甘泉，皇后與家吏請問皆不報。上存亡未可知，而姦臣如此，太子將不念秦扶蘇事邪？太子曰：吾人子，安得擅誅？不如歸謝，幸得無罪。將往之甘泉，而江充持之甚急。太子計不知所出，遂從德計，收捕充等，自臨斬之。使舍人持節白皇后，出武庫兵，發長樂宮衛卒。長安擾亂，言太子反。蘇文亡歸甘泉，言狀。上曰：太子心懼

有線之言

又忿充等故有此變乃使使召太子使者不敢進歸報云太子反已成欲斬臣臣逃歸上大怒賜丞相璽書曰捕斬反者自有賞罰堅閉城門毋令反者得出太子引兵至長樂西闕下逢丞相軍合戰太子兵敗出亾東至湖懸泉鳩里主人家發覺吏圍捕太子太子入室距戶自經皇孫二人并遇害後吏民以巫蠱相告言者案驗多不實上頗知太子惶恐無它意會高寢郎田千秋上急變訟太子冤上大感悟召見千秋謂曰父子之閒人所難言也公獨明其不然此高廟神靈使教我立拜千秋爲大鴻臚而族滅江充家

上憐太子無辜乃作思子宮爲歸來望思之臺于湖天下聞而寃之

臣按戾園之禍由江充之讒是則然矣而所以致江充之讒者其失有四焉方太子之生也武帝甚愛之迨其後也後宮嬖幸多王夫人等皆生子皇后太子寵寖衰於是用法大臣毀之黄門小臣又毀之其卒也江充與巫蠱事陷之以死大抵讒人之爲讒必先窺伺上意上意所嚮讒人亦嚮之上意所背讒人亦背之惟帝之于太子眷意先有所移然後臣下從風而靡其失

一也當蘇文之譖也帝當考覈其實有則太子譴無則蘇文誅二者必居一于此顧乃泯焉不問遽增太子宮人以媿之是則浸潤之譖膚受之愬行矣自今小人爲讒者誰復忌憚其失二也太子無它職問安視膳而已父子之親豈容一日不相接哉自衛后之寵衰太子希得進見方常融之譖猶能微察其情爲之誅融葢父子之情未盡隔塞故也其後帝幸甘泉而太子不從家吏請問而帝不之報父子之間乖隔至此欲無讒間之入得乎其失三也江充以告趙太

內多欲而
外施仁義
上此尤驗

子陰事而得幸是其傾險有素又嘗以太子家使車馬屬吏而白奏焉是其仇憾有素帝治巫蠱之獄不屬之它人而屬之充以傾險之人挾仇憾之意則其致螫于太子必矣而帝曾不之察是假以斧斤而使之戕伐國本其失四也雖然四者其事爾而本原實出于一心帝惟其多欲也故寵嬖盛而庶孽蕃愛憎之意既形儲副之位安得而定惟其多惑也故溺于方士巫覡之說精神意慮久已昏亂及年老氣憊百邪乘之于是妖言煽于外妖夢感于內巫蠱之事由

此而起使其以董仲舒正心之言銘諸盤杅朝夕是戒顧安有是哉江充讒賊小人其情無足論者獨推原武帝之失以儆來者云

漢哀帝時中山王箕子（中山國名箕子王名）有青病（妖病也）祖母馮太后（馮太后中山王母漢制諸侯王母祖母亦稱太后）自養親數爲禱祠解（解猶人言賽謝也）上遣謁者張由將醫治之（謁者官名）由素有狂易病（所謂病風喪心也）病發怒去西歸長安尚書簿責由擅去狀（尚書官名責其何故擅去令其書于簿也）由恐因誣言中山太后祝詛上及傅太后傅太后與馮太后並事元帝追怨之因是遣御史案驗數十日無所得更使中謁者治

之受傅太后指誣奏云祝詛謀殺上立中山王王乃飲藥自殺宜鄉侯參等死者十七人參馮大后弟中山王舅張由以先告封侯史臣班固曰詩稱抑抑威儀惟德之隅宜鄉侯參鞠躬履方擇地而行可謂淑人君子然卒死于罪不能自免哀哉讒邪交亂貞良被害自古而然經曰心之憂矣涕既隕之馮參姊弟亦云悲矣

臣按張由祝詛之譖特欲以自解其將命擅去之罪耳使哀帝能遣外朝臣之知夫體者訊之則其誣立見矣而傅太后乃以宿怨諭意指以成其獄使馮氏之門無罪而死者十七人而誣

告者乃有封侯之賞是時漢祚垂亡君德不競而母后以私意殺諸侯王之祖母與外戚之賢者未幾傅氏一門還自及焉天有顯道厥類惟彰斯之謂矣班固之言至今讀之猶使人隕涕也

漢安帝時楊震爲太尉時乳母王聖緣恩放恣聖女伯榮出入宮掖傳通姦賂中常侍樊豐等分威共權屬託州郡傾動大臣又詐作詔書調發司農錢穀各起園宅廬觀役費無數震數上疏切諫帝不平之而豐等皆側目憤怨尋有河間男子趙騰詣闕上書指

復用怨望之術

陳得失。帝怒，收考詔獄。震復上書救之，帝不省，竟誅騰。豐等遂共譖震云：自趙騰死後，深用怨懟。帝遣使者收震印綬。豐等復譖之，詔遣還本郡。震行至城西，乃慷慨謂其諸子門人曰：吾蒙恩居上司，疾姦臣狡猾而不能誅，惡嬖女傾亂而不能禁，何面目復見日月。因飲酖卒。

臣按：樊豐之讒楊震曰怨懟，亦猶石顯之讒蕭望之曰怨望也。怨在心，未形于事，未露于言，顯與豐曷從知之？亦何異張湯之譖顏異曰腹誹也。揣腹心之隱而加人以曖昧之罪，非遇至明之主其誰能辨之。然則其果難辨歟。曰。特患人主無意耳。儻有意焉。何患其難辨。曰。爾之言彼曰怨望。以何事知之。爾之言彼曰怨懟。以何事知之。爲之有何迹。覩之有何人。則有無虛實。亦可以坐判矣。猶聽訟焉。彼曲也。以何事而見其曲。彼直也。以何事而見其直。未有指心腹未形者。而可以蔽其辭也。雖然。聽訟不若無訟。辨讒不若無讒。使爲人上者。心正意誠。私邪不能蔽公聽並觀。信任無所倚。則魑魅讋於震霆。雨雪消於見晛。雖有善爲讒者。且不敢爲矣。此人主守約之方也。

漢質帝即位。梁太后臨朝。委政宰輔。李固所言。固爲太尉太后多從之。黃門宦官爲惡者。一皆斥遣。天下咸望治平。而梁冀深忌疾之。初順帝時所除官。多不以次。及固在事。免百餘人。此等既怨。又希望冀旨。共作飛章誣奏曰。太尉李固。因公假私。依正行邪。山陵未成。違矯舊政。夫子罪莫大于累父。臣惡莫深於毀君。固之罪。釁事合誅。辟書奏。冀以白太后。使下其書。太后不聽。冀等置毒以進。帝崩。固請立長君。冀不從。策免固殺之。

臣按李回陪輔初政斥惡黨清濫官正其宜也而譏者乃以違矯舊政爲言夫父之道有不待三年而改者臣嘗論之于前矣必曰斥惡黨清濫官爲違矯舊政則四凶在朝堯未及去而舜去之毋亦違堯之政邪自梁冀之黨以是譖回至我

朝司馬光輔宣仁更王安石等所刱新法而熙豐小人亦以是譖光其後紹述之論興卒爲宗社之禍吁可不戒哉

以上論憸邪罔上之情

大學衍義卷之二十二　又

戊寅八月二十七日一見加朱　鵞峯坐

大學衍義卷之二十二　終

大學衍義

廿三之七

大學衍義卷之二十三

宋　學士　眞德秀　纂輯

明　史官　陳仁錫　評閱

格物致知之要二

辯人材

憸邪罔上之情 讒臣

晉武帝時。尚書張華以文學才識名重一時。論者皆謂華宜爲三公。中書監荀勗。侍中馮紞。以伐吳之謀深疾之。會帝問華誰可託後事者。華對以明德至親。莫如齊王。由是忤旨。勗因而譖之。以華都督幽州諸

不過訹苦之人其辭游何難格哉

譸張爲幻要亦易破

軍事。華至鎮、撫循夷夏。譽望益振。帝復欲徵之。馮紞侍帝。從容語及鍾會。紞曰。會之反。頗由太祖。帝變色曰。卿是何言邪。紞免冠謝曰。臣聞善馭者。必知六轡緩急之宜。故孔子以仲由兼人而退之。冉求退弱而進之。漢高祖尊寵五王而夷滅。光武抑損諸將而克終。非上有仁暴之殊。下有愚智之異也。蓋抑揚與奪使之然耳。鍾會才智有限。而太祖誇獎無極。居以重勢。委以大兵。使會自謂算無遺策。功在不賞。遂構凶逆耳。向令太祖錄其小能。節以大禮。抑之以威權。納之以軌則。則亂心無由生矣。帝曰。然。紞稽首曰。陛下旣然。臣之言宜思堅冰之漸。勿使如會之徒。復致傾覆。帝曰。當今豈復有如會者邪。紞因屏左右而言曰。陛下謀畫之臣。著大功於天下。據方鎮總戎馬者。皆在陛下聖慮矣。帝黙然。由是止不徵華。

臣按伐吳之役。華實主之。而馮紞荀勗。則附賈充以沮其議者也。平吳之後。紞等不知自媿。乃反加讒疾焉。觀其言於武帝者。援據古今。從容近理。人主聽之。安得不爲之動。其實則誣善之巧辭。蔽賢之邪說也。詩人之所謂貝錦者。殆此類邪。人主於此。尤不可以不察。

齊王攸德望日隆荀勗馮紞楊珧皆惡之紞言於帝曰陛下詔諸侯之國宜從親者始親者莫如齊王今獨留京師可乎勗曰百僚内外皆歸心齊王陛下萬歲後太子不得立矣陛下試詔齊王之國必舉朝以爲不可則臣言驗矣帝以爲然詔大司馬以爲都督青州諸軍事征東大將軍王渾上書以爲攸至親盛德宜贊皇朝與聞政事太子太保缺宜留攸居之於是扶風王駿光祿大夫李憙中護軍羊琇侍中王濟甄德皆切諫帝並不從帝命太常議寵錫齊王之物博士庾旉等七人表稱王不宜出外事過博士祭酒

曹志。志乃奏當如博士議。帝覽之大怒。免志官。考等
皆付廷尉科罪。攸辭。數日歐血薨。初帝愛攸甚篤。爲
荀勗馮紞等所構。欲爲身後之慮。故出之。及薨。帝哀慟不
已。馮紞侍側曰。齊王名過其實。天下歸之。今自薨殞。
社稷之福也。陛下何哀之過。帝收淚而止。

臣按。武帝之於齊王攸。蓋嘗受太后遺命。俾友
愛之。以介弟之親。太毋之命。而挫於荀勗馮紞
之一言。何也。蓋其爲說曰。百僚內外皆歸心齊
王。陛下萬歲後。太子不得立矣。斯言一入。武帝
友愛之心於是轉爲猜忍。臣下雖百喙。其能解

乎。又其說曰。陛下試詔齊王之國。必舉朝以爲不可。則臣言驗矣。而詔命旣出。舉朝果爭。是乃益帝之疑。而實二人之說也。讒邪之徒。巧爲鉗鍵。以固主意。豫設機穽。以待人言。大抵如此。原晉之亾。由惠帝以昏庸主器。賈后以凶險作配故也。而二人實主之。親賢莫如齊王攸。忠勳莫如張華。而二人實傾之。故史臣譏其援朱均以貳極。煽褒閻而偶震。昜之力也。鬻攸安賈。謂賈充也交昜譬張。心滔楚賁。無極也。過踰晉伍。二五也。統之罪焉。可謂畧盡二人之情實矣。故併著云。

晉惠帝愍懷太子遹愍懷謚也。非賈后所生。母曰謝妃。后母郭氏常勸后慈愛太子。后不從。更與賈午等謀害之。又侍中賈謐驕貴。午。謐。皆后戚也。太子性剛。不能假借之。謐譖於后曰。太子多蓄私財以結小人者。為賈后也。不如早圖之。更立慈順者。可以自安。后納其言。乃宣揚太子之短。布於遠近。太子長子病。太子為禱祀求福。后聞之。乃詐稱帝不豫。召太子入宮。既至。后不見。置于別室。遣婢陳舞以帝命賜太子酒三升。使盡飲之。太子辭不能舞。遍之强飲至盡。遂大醉。后使黃門侍郎潘岳作書草。令小婢陳福以紙筆及草稱詔使書之。

其詞皆凶逆今不錄太子醉迷不覺遂依而寫之其字半不成后補成之以呈帝帝幸式乾殿召公卿入以太子書示之曰遹書如此今賜死徧示諸王公莫有言者張華曰此國之大禍自古以來常因廢黜正嫡以致喪亂願陛下詳之裴頠以爲宜先簡較傳書者又請比較太子手書不然恐有詐妄賈后乃出太子啓事十餘紙衆人既視亦無敢言非者議至日西不決后見華等意堅懼事變乃表免太子爲庶人詔許之尋殺之

臣按賈謐之譖太子於后也后信之以其未有

可廢之罪故爲不臣之語強使醉而書之然其
迹甚明其情易察孰有臣子將爲逆於君親而
敢露其手書乎藉使誠有此書不知何所從得
太子自發之邪抑它人發之也惠帝昏庸既莫
之辨大臣惟裴頠所請粗得其要而亦未能深
辨其妄也遂使儲君被誣莫能自白卒寃以死
豈不哀哉夫事之可驗莫如手書而亦有不可
盡據者此類是也
本朝慶曆中石介作聖德詩譽富弼而譏夏竦
竦怨之切骨則使婢習爲介書既成則僞作介

與富弼書勸其廢立播之朝野二臣者非遇
仁祖之聖其得免乎
英宗踐位有惡三司使蔡襄而譖之者曰
仁宗選
上爲皇嗣襄甞沮之也
上頗怒襄大臣歐陽修爲言
陛下甞見襄書邪抑傳聞之也臣在
先朝有僞爲臣疏請沙汰宦官者欲以激怒左
右
陛下果甞見書猶當辨其眞僞况傳聞乎

英宗於是釋然其後元符小人亦僞爲諫書以陷鄒浩世降俗末情僞日滋何所不有公私貿易所憑者券而巧詐者能爲之況讒人之工於讒者乎故因愍懷之事併著之以見臣子遇讒雖有可驗如手書者猶難遽信要必審而覈之不然將有不獲自明如愍懷者

北齊尚書右僕射祖珽勢傾朝野咸陽王斛律光惡之見必遥罵珽聞而怨之女侍中陸令萱子穆提婆常求牧田於帝光又爭之不與由是祖穆皆怨之光性節儉不好聲色罕接賓客杜絕饋餉不貪權勢每

朝廷會議常獨後言言輒合理行兵營舍未定終不入幕身不脫介胄常為士卒先結髮從軍未嘗敗北深為鄰敵所憚周勳州刺史韋孝寬忌為謠言曰百升飛上天明月照長安（光字明月）又曰高山不推自崩（高齊姓也）槲木不扶自舉令諜人傳之於鄴鄴中小兒歌之於路珽因續之曰盲老公背受大斧饒舌老母不得語使其妻兄鄭道葢奏之帝以問珽珽與陸令萱皆曰實聞有之珽因解之曰百升者斛也盲老公謂臣也與國同憂饒舌老母似謂女侍中陸氏也且斛律累世大將明月聲震關西威行突厥謠言甚可畏也

遂召光入殺之。血流於地，剗之迹終不滅。周主聞光死，爲之大赦。後六年周滅齊。

臣按：周之與齊，寔爲敵國。周有韋孝寬，齊有斛律光，皆名將也。然是時周主方明，武帝也。賢能效職；齊君昏暴，高緯。政出多門，陸令萱以保母用事於內，祖珽以憸邪弄權於外，而穆提婆者，令萱之子也，表裏交煽，肆爲姦利。斛律光以忠勞自奮，實深嫉之。於是珽與提婆皆切齒之矣。韋孝寬之譖，所以傾光也；傾光，所以傾齊也。敵國相傾，末世常態，而珽等又從而傾之，是自傾其國

得人

也。光死而周爲之大赦。益曰莫予毒也已。讒邪之臣殺忠良以資敵國。而庸君昏主一不之察。可勝歎哉。光之死。讒六年而周滅齊。非周能滅之。高緯君臣實自滅也。臣前嘗論讒臣之譖敵國之間。用智畧同。不可不察。此一事而二者俱。故錄之以爲千載之戒。

唐太宗即位。以魏徵爲諫議大夫。徵自以不世遇。展盡底蘊。無所隱。凡二百餘奏。無不剴切當帝心者。由是拜尚書右丞。兼諫議。左右有毀徵阿黨親戚者。帝使溫彥博按訊非是。彥博曰。徵爲人臣。不能著形迹遠嫌疑而被飛謗是宜責也帝爲彥博行讓徵謂令彥博往責徵也徵見帝謝曰君臣同心是謂一體豈宜置至公事形迹若上下共由茲路邦之興喪未可知也

臣按魏徵盡忠無隱非姦邪小人之所便也故設爲飛謗以閒染之使太宗蓄之胷中不爲辨白則疑猜一萌姦言益乘之而入矣然使之按驗者或非其人如權萬紀輩得任其事必將組織以成其罪惟帝之明不以按驗屬之小人而屬之彥博彥博固非王魏之倫然亦當時之良臣也故能直徵之枉使帝不以浮言罪賢者其

葢大矣然徵之在雖直而左右之爲讒者不聞顯正其罪是亦未爲盡善也即此一事而言太宗之得有二其失有一人主可不鑒之哉

魏徵寢疾上與太子同至其第指衡山公主欲以妻其子叔玉徵薨上自製碑文并爲書石徵嘗薦杜正倫及侯君集有宰相材及正倫以罪黜君集謀反誅上始疑徵阿黨又有言徵自錄前後諫辭以示起居郎褚遂良者上愈不悅乃罷叔玉尚主而踣所撰碑

臣按太宗之於魏徵可謂極君臣之契矣及其薨也所薦之人適抵罪誅帝遂以阿黨疑之疑

情一生讒者遽乘之而入謂其錄諫藁以示史官有賣己直彰君過之意雖帝之明不能不爲之惑於是停婚仆碑而眷寵衰矣原讒言之所以得入者由帝心先疑故也使帝聞讒者之言召遂良而質之使誠有邪遂良固不敢應若其無邪遂良亦豈肯厚誣言者之虛實於是乎不可揜矣帝乃蓄疑於中泯默不問視昔者命温彥博按驗之時何其甚異也使無它日征遼之悔其尚得爲明主乎帝末年征遼不能成功甚悔之歎曰魏徵若在不使我有此行也命馳驛

祀徵以少牢復立所製碑勞賜其妻子

唐玄宗開元中宰臣宋璟疾負罪而妄訴不已者付御史臺推治之會天旱有魃優人作魃戲於上前問魃何爲出對曰奉相公處分又問何故魃曰負寃者二百餘人相公悉以繫獄故魃不得不出上心以爲然未幾罷璟相

臣按讒人之害君子亦多端矣璟開元賢相也持綱紀抑僥倖蓋近習小人之所不便故因天旱而使優伶輩作魃戲以傾之恢諧笑謔似出無心而玄宗信之遽罷璟相然則其使之者誰

與曰是不可知也以其時考之揚思勉以內侍貴幸而璟不與交言姜皎以舊勲寵昵而璟斥其太盛王仁皎后父也築墳過制而璟爭之王仁琛藩邸故吏也除官過制而璟又爭之是數人者皆不便於璟者也優伶之戲必此輩實爲之帝雖始初清明已溺意教坊之樂（開元二年置教坊以教俗樂）倡優雜伎得在左右至是遂能以術傾賢相夫近習小人工於覘上之意其薦人也未嘗直薦游揚之而已矣其毀人也未嘗直毀陰中之而已矣魏弘簡將引元稹而誦其詩於宮中

唐穆宗時弘簡。內臣之得幸者。積以此取相位。是不薦之薦也。若優人之褻戲是又不毁之毁也。機穽之深。計數之巧。孰此為甚。然此不獨近倖為然。我朝宣和中。王黼蔡攸以大臣入侍禁中。每因詼浪中人無不售者。姦讒之技。千古一律。人主其可以無心聽之哉。

德宗使人諭陸贄。贄時為相。苗粲父晉卿往年攝政有不臣之言。晉卿肅代時宰相。肅宗末攝冢宰。粲其子也。諸子皆與古帝王同名。今不欲明行斥逐。兄弟宜各降外官。贄奏曰。凡是讒愬之輩。多非信實之言。利於中傷。懼於公辯。或云歲月已久。不可究尋。或云事體有妨。須爲隱忍。或云惡跡未露。宜假他事爲名。或云但棄其人。何必明言責辱。詞皆近理。意實矯誣。傷善售姦。莫斯爲甚。

臣按。贄可謂得讒人之情矣。葢其爲言。大抵非實。若人主顯行辨白。則是非曲直有不可揜者。故但陰肆中傷。使人主自加譴怒。則爲讒者無罪。而被讒者不得免。自古忠良喑嗚受禍者。此其由也。晉卿在肅代朝。它無可紀。然亦循謹恭順見稱于時。雖因山陵暫攝冢宰軍國威權。初非已出。安敢輕出不臣之言。諸子命名與帝王

同殆亦偶然非必有意也趙堯李舜未聞爲逆於
當時王莽曹操不假襲名於前代而讒者以此
誣之可謂寃矣使無陸贄之辯庸得免乎然蔡
等雖幸獲全而德宗之疑終不盡釋此其所以
爲闇主也

我朝仁皇時宋郊以名儒進用有讒之者曰姓
符國號名應郊天郊不自安易名曰庠然
仁皇未嘗疑之而不命之相也此其所以爲
聖君與後之欲堲讒說者其必以
仁皇爲法

唐敬宗初。敬宗。穆宗子也。裴度自興元入朝。李逢吉之黨百計毀之。先是民間謠云。緋衣小兒坦其腹。緋衣。裴字也。俗以腹爲肚。天上有口被驅逐。俗以口天爲吳字。又長安城中有橫亘六岡如乾象。度宅偶居第五岡。諫官張權輿上言度名應度讖。宅占岡原。不召而來。其旨可見。上雖年少。悉察其誣謗。待度益厚。未幾以度爲司空平章事。

臣按緋衣之謠。必時人美其平吳元濟之功。以俚語歌之。亦猶薛仁貴之定天山而有三箭之謠也。逢吉等乃用以爲謗。蓋度自憲宗時。已與逢吉相爲水火。憲宗始初清明。銳意討叛。則相

度而黜逢吉及蔡功旣成志漸驕怠則相逢吉
而黜度正邪之不並立也久矣旣歷三朝度之
勳德愈茂而羣邪媢疾甚於仇讐故因其入朝
中以飛謗而張權輿者又從而詆之逢吉權輿
姦險相濟所謂八關十六字也而因謠言以傾
大臣即祖珽之中斛律光者也高緯不察殺光
而齊以亾敬宗察之相度而唐以未亂吁來者
其尚鑒茲

以上論憸邪罔上之情

大學衍義卷之二十三　終

宰相不遠干人情而情面身破

大學衍義卷之二十四

宋 學士 真德秀 彙輯

明 史官 陳仁錫 評閱

格物致知之要二

辯人材

憸邪罔上之情 佞幸之臣

齊桓公末。管仲病。公問羣臣誰可相者。管仲曰。知臣莫若君。公曰。易牙何如。對曰。殺子以適君。非人情、不可。曰。開方何如。對曰。倍親以適君。非人情、難近。公曰。豎刁何如。對曰。自宮以適君。宮。腐刑也。非人情、難親。管仲死。公用三子。三子專權。公卒。易牙入與豎刁因內寵殺羣吏。（諸大夫也）而立公子無詭。宋伐齊。齊人殺無詭。立孝公。孝公卒。公弟潘因開方殺孝公子而立潘。

臣按姦邪小人欲求寵於君。必先有以順適其心。使悅而親之然後可肆其惡。易牙殺子以適君。而威公悅之。蓋曰是不私其子。必能忠於我也。開方背親以適君。而威公悅之。蓋曰是不私其親。必能忠於我也。豎刁自宮以適君。而威公悅之。蓋曰是不愛其身。必能忠於我也。而不知人之情能愛其所愛。而後能推之以及其所不愛所厚者薄而無所不薄有子而殺之有親而背之有身而自殘之是於所愛者不之愛焉能愛其君於所厚者薄焉能厚其君其爲此也特以順適君心而求濟所大欲爾豈其情也哉昔人有因放麑而知其可以託國者夫於一麑且不忍其仁可知是以可託之國也威公不察三子之情廼欲以爲相管仲言之而不聽遂授以柄卒之殺諸大夫而立公所不欲立之子者易牙豎刁也殺孝公之子而立其不當立之弟者開方也齊國大亂垂三十年前日之適君者乃

所以爲賊君之地與。

趙孝成王時，客有見王曰：世有所謂桑雍者。雍與癰同。桑中有蠹見，則外碨硯，如人之生癰。王知之乎？王曰：未之聞也。曰：客言所謂桑雍者，便僻僻音辟左右之人，及優愛孺子也。優，謂倡優；愛，謂王之所愛；孺子，宦侍之屬。此皆能乘王之醉昏而求所欲於王者也。是能得之於內，則大臣爲枉法於外矣。枉，猶屈也。故日月暉於外，其賊在於內。俗謂蟾蜍食月。謹備其所憎，而禍在於所愛。

臣按：是時建信君以色寵於王，客所謂便辟左右之人，與優愛孺子者，蓋指建信而言也。桑中

嚴正之語

有蠹則碨磈之形見於外猶人受病於中而癰發於外也便辟佞幸之徒密近左右熒惑君心君心蠹於內則言行之疵政事之失彰灼外著而不可揜矣夫君德清明則私謁不得入惟夫沉湎於酒心志昏荒則小人乘之以求所欲既得之於內則大臣屈法以從之於外矣益大臣之不忠不正者類與近習相表裏故也日月之明而蟾蜍食之喻人君之明而近幸小人能賊之皆禍伏於中而不知也常人之情於所增惡則謹爲之防於其所愛則忽焉而莫之備不知

禍亂之萌往往自所忽始齊威能服勁楚卒之亂齊者三孺而非楚也秦皇能陷彊胡卒之滅秦者中車府令高而非胡也蟾蜍食月古有是言而月之食初不由此言者特借此以覺悟王心使知近習託身於王而能禍王若蟾蜍託身於月而能食月也其爲言也懇至其引喻也深切爲人君者觀此可以悚然矣

漢哀帝時郎董賢爲人美麗自喜帝召與語拜爲黃門郎繇是始幸出則參乘入御左右旬月間賞賜累鉅萬貴震朝廷賢性柔和便辟善爲媚以自固每賜

洗浴不肯出常留中視醫藥詔將作爲起大第木土之功窮極技巧下至僮僕亦受上賜及武庫禁兵上方珍寶其選物上第盡在董氏而乘輿所服廼其副也又封賢爲高安侯後又以爲大司馬衛將軍時年二十二雖爲三公常給事中領尚書百官因賢奏事哀帝崩太后册免賢即日自殺家屬徙合浦縣官斥賣董氏財凡四十三萬萬

臣按漢世佞倖之臣雖衆然其窮寵極貴未有如董賢者其所以得此於帝者柔和便辟善爲媚以自固而已是時山崩地動日食三朝丞相

王嘉以爲寵賢之應。白虹奸日。連陰不雨。司隸鮑宣亦以爲寵賢之應。夫人君親一嬖幸之臣。而天爲之示戒如此。可不懼哉。嘉之言曰。宜深覽前世。以節賢寵。全安其命。宣亦曰。誠欲哀賢。宜爲謝過天地。解讐海內。免遣就國。如此父子可以終其性命。二臣之言。惓惓懇懇。非獨效忠人主。亦欲保全幸臣。而帝溺於寵愛之私。排忠言而不聽。方且擢賢以至三公。棟橈鼎覆。曾莫之卹。原帝之意。豈非謂其柔和巧媚。非能爲惡。而不知陰忍之資。操權擅事。未有不爲害者。漢

業既由此大壞。而賢亦不免於誅。葢親便嬖而
遠仁賢其禍必至此也。人主其亦懲戒之哉
漢靈帝時。將作畢圭靈昆苑。司徒楊賜諫。宜思夏禹
卑宮之意。以慰下民之勞。帝欲止。以問侍中任芝樂
松。對曰。昔文王之囿百里。人以爲小。齊宣五里。人以
爲大。今與百姓共之。無害於政也。帝悅。遂爲之。
臣按楊賜直臣也。引夏禹以諍其君。則靈帝未
之信。任芝樂松。佞臣也。引文王以諛其君。則信
之。葢苦言難入。而甘言易售故也。夫文王之囿
百里。初不經見。而於傳則有之。孟子方欲導齊

王以與民同樂故其爲說也芻蕘者往焉雉兎者往焉民以爲小不亦宜乎至其舉文王之事以告時君則曰鰥寡孤獨謂之窮民發政施仁必先四者也曰耕者九一仕者世祿澤梁無禁罪人不孥也文王之愛民如此故囿雖大而民以爲小此靈帝所問者忠賢必將曰文王之仁政陛下能盡行之未邪如其未也願姑以愛民爲急而緩其所以自奉者若是則有益於帝矣而芝松二臣乃妄引古義以悅其君所謂逢君之惡者也以帝之昏而濟之以二臣之佞其卒

至禍敗也宜哉。

北齊侍中和士開有寵於齊主湛。姦諂百端。寵愛日隆。每侍左右。言辭容止。極諸鄙褻。以夜繼晝。無復君臣之禮。前後賞賜。不可勝紀。嘗謂帝曰。自古帝王盡爲灰土。堯舜桀紂竟復何異。陛下宜及少壯。極意爲樂。一日取快。可敵千年。國事盡付大臣。何慮不辦。無爲自勤約也。帝大悅。以官爵財用等分委大臣。三四月一視朝。須臾復入。唯翫聲色。朝政日紊。

臣按和士開之佞齊主。卽趙高李斯蠱二世之術也。斯高以此亾秦。而士開亦以此亾齊。古人

格物而仍爲物所蔽知未致也意未深也

以燕安爲鴆毒。飲鴆毒者必死。而溺燕安者必亾。可不戒哉。

唐太宗嘗玩禁中樹。曰。此嘉木也。右衛大將軍宇文士及從旁美嘆不已。帝正色曰。魏徵嘗勸我遠佞人。不識佞人爲誰。乃今信然。士及謝曰。南衙羣臣面折廷爭。陛下不得一舉手。今臣幸在左右。不少有將順。雖貴爲天子。亦何聊。帝意解。　史臣曰。太宗知士及之佞。爲游言自解。亦不能斥。彼中材之主。求不惑於佞難哉。

臣按范祖禹曰。大禹曰。何畏乎巧言令色孔壬。

孔子曰佞人殆佞人者止於諛悅順從而已近之必至於殆何也彼佞人者不知義之所在而惟利之從故也利在君父則從君父利在權臣則附權臣利在敵國則交敵國利在戎狄則親戎狄利之所在則從之利之所去則違之於君父何有哉忠臣則不然從義而不從君從道而不從父使君不陷於非義父不入於非道故雖有不從其命將以處君父於安也君有不義不從也而況於權臣乎父有不義不從也而況於他人乎古之佞者其始莫不巧言令色未必有

悖逆之心。及其患失。則無所不至。終於弑君亾國者。皆始之諛悅順從者也。臣謂佞臣之害。祖禹盡之矣。抑士及之言。有深爲人君之鴆毒者。夫盛明之世。忠讜盈朝。言動少差。箴儆隨至。貴爲天子。宜若無聊矣。而每措身於至安至榮之地。昏亂之世。諂諛塞耳。窮侈縱欲。下無敢言。貴爲天子。宜若適意矣。而每措身於至危至難之中。然則人主將何擇焉。如士及者。亾隋之餘孽。何足多責。所可惜者。太宗知其佞而不知去之爾。

以上論憸邪罔上之情三

辯人材

憸邪罔上之情 聚歛之臣

漢武帝時。雒陽賈人子桑弘羊以心計。年十三侍中。後爲治粟都尉。領大農。盡筦天下鹽鐵。弘羊以諸官各自市相與爭利。物故騰躍。而天下賦輸或不償其僦費。乃請置大農部丞數十人。分部主郡國。各往往縣置均輸鹽鐵官。令遠方以其物貴時商賈所轉販者爲賦。而相灌輸。置平準于京師。都受天下委輸。名工官治車諸器。皆仰給大農。大農諸官盡籠天下之貨物。貴卽賣之。賤卽買之。如此。富商無所牟利。則反

卿士之戒不啻也防其漸也亦謹并於烹耳

本而萬物不得騰踊。故抑天下物。名曰平準。天子以爲然。許之。民不益賦而天下用饒。是歲旱。上令官求雨。卜式言曰。縣官當食租衣税而已。今弘羊令吏坐市列肆。販物求利。烹弘羊。天乃雨。

臣按弘羊均輸之法。不過陰奪商賈之利以歸公上。爲天子斂怨於民而已。非能上下兼足也。卜式之言可謂當其罪矣。而武帝弗之省也。又本朝熙寧間宰相王安石。又祖弘羊故智立市易法。亦言善理財者不加賦而上用足。而司馬光闢之曰。天下安有此理。天地所生財貨百物。

止有此數不在民則在官譬如雨澤夏潦則秋旱不加賦而上用足不過設法陰奪民利其害有甚於加賦此乃桑弘羊欺漢武之言太史公書之以見武帝不明耳嗚呼司馬光之言古今之至言也後世之臣有以言利媒人主者其尚以是察之

唐玄宗開元中戶部侍郎宇文融性精敏應對辯給以治財賦得幸於上始廣置諸使競爲聚斂由是百官寖失其職而上心益侈百姓皆愁苦之及融既敗而楊慎矜得幸於是韋堅王鉷之徒競以利進百司

有事權者稍稍置使以領之。

天寶初，韋堅爲吏以幹敏稱，上使之督江淮租運。堅引滻水抵苑東望春樓下爲潭，以聚江淮運船，役夫匠通漕渠，發人丘壠，自江淮至京城，民間蕭然愁怨。二年而成，上幸望春樓觀新潭。堅以新船數百艘，遍牓郡名，陳郡中珍貨於船背。陝尉崔成甫著錦半臂、缺胯綠衫而裼之，紅袙首，居前船唱得寶歌，使美婦百人盛飾而和之，連檣數里。堅跪進諸郡輕貨，仍上百牙盤食。上置宴，竟日而罷，觀者山積。加堅左散騎常侍，其僚屬吏卒褒賞有差，名其潭曰廣運。

戶部郎中王鉷爲戶口色役使上在位久用度日侈
後宮賞賜無節不欲數於左右藏取之鉷探知上旨
歲貢額外錢帛百億萬貯於内庫以供宮中宴賜曰
此皆不出於租庸調無預經費上以鉷爲能富國益
厚遇之鉷務割剝以求媚中外嗟怨
度支郎中楊釗善窺上意所愛惡而迎之以聚斂驟
遷歲中領十五餘使遷給事中兼御史中丞專判度
支恩幸日隆八載春二月引百官觀左藏賜帛有差
是時州縣殷富倉庫粟帛動以千計楊釗奏請所在
出滯積變輕貨及徵丁租地稅皆變布帛輸京師屢

奏帑藏充羨古今罕儔故上率羣臣觀之賜釗金紫

上以國用豐衍故視金帛如糞土賞賜貴寵之家無有限極。釗後更名國忠事見前

臣按開元聚歛之臣始之以宇文融繼之以韋堅又繼之以王鉷又終之以楊釗是四人者皆以掊尅取媚於上而結怨於下所謂國之鬼蜮而民之蟊賊也明皇以其奉己之欲悅而寵之不知其失民心而蠧國脉也夫千艘雲集萬貨山積可謂一時之盛觀矣而竭人屋廬發人丘墓悲嗟慘慼之狀帝不得而見也呼號慟哭之

聲。帝不得而聞也。且有田則有租。有身則有庸。
有戶則有調。天下之田有常數。則租亦有常數。
天下之人有常數。則庸亦有定數。戶調亦然。安
得常賦之外。又有百億萬之入以供上之横費
乎。姦臣敢於欺罔。而帝不之察。徒見府庫充羨
而侈欲日滋。賜後宮賜外戚者無復限極。不思
一錢寸縷。皆百姓之脂膏血肉也。何忍以糞土
視之乎。異時邊將驕兵府庫之藏悉爲賊有。而
王鉷楊釗之徒亦皆身被極刑。家無噍類。然後
知貨悖而入者必悖而出。聚斂之臣。其罪甚於

此說何爲不行

盜臣也。吁可戒哉。

唐德宗貞元八年，以司農少卿裴延齡判度支。明年奏檢責諸州欠負錢八百餘萬緡，呈樣物三十餘萬緡。請別置庫以掌之。欠負皆貧人無可償，呈樣染練皆左藏正物。延齡徙置別庫，虛張名數以惑上。上信之，以爲能富國而寵之。於實無所增，虛費吏人簿書而已。又明年奏左藏庫物多有失落，近因簡閱使置簿書，乃於糞土之中得銀十三萬兩，其段疋雜貨百萬有餘。此皆已棄之物，卽是羨餘，悉應移入雜庫，以供別敕支用。太府少卿韋少華不伏，抗奏稱此皆每月申奏見在之物。請加推驗。上不許。延齡每奏對。恣爲詭譎。皆衆所不敢言。亦未嘗聞者。延齡處之不疑。上亦頗知其誕妄。徒以其好詆毀人。兾聞外事。故親厚之。宰臣陸贄上書極陳其姦詐。其畧曰。延齡以聚歛爲長策。以詭妄爲嘉謀。以掊克歛怨爲匪躬。以靖譖服讒爲盡節。迹其姦蠹。日長月滋。陛下姑欲保持。曾無詰問。延齡謂能蔽惑。不復懼思。移東就西。便爲課績。取此適彼。遂號羡餘。愚弄朝廷。有同兒戲。又曰。昔趙高指鹿爲馬。臣謂鹿之與馬。物類猶同。豈若延齡掩有爲無。指無爲有。書奏。上不悅。待延齡益厚。未

論邪罔上之情

幾罷贄相又貶爲忠州別駕其後延齡卒中外相賀

上獨悼惜之

臣按德宗始用盧杞趙贊之徒剏間架陌錢之法以此致亂幾於亾國幸而克復又惑於延齡之姦信而用之迹其欺罔之言初不難察以不可索之錢爲可索以見在之錢爲羨餘使帝命近臣之公清者審而覈之則欺罔立敗矣左藏雖富安得有十三萬兩之銀百萬餘之雜貨委棄於糞土中至是始出乎使帝亦命近臣之公清者審而覈之則欺罔又敗矣況是時以職守

相關而譖其妄者有人以宰相而劾其姦者有人帝皆不之省也蓋姦人之術以蠱蕩其心而塗其耳目如此亦可哀矣以延齡之姦而帝寵之至其死也猶復悼惜以陸贄之忠而帝斥之至于殁身不復收召范祖禹謂德宗之性與小人合與君子殊豈不然哉

以上論憸邪罔上之情

大學衍義卷之二十四終

大學衍義卷之二十五

宋 學士 眞德秀 彙輯

明 史官 陳仁錫 評閱

格物致知之要三

審治體

德刑先後之分

赦太濫有則朴
怙終而及之。
予寛政者

○○○舜典。象以典刑。象。如周禮治象刑象之象。典。常也。刑。即墨劓剕宮大辟五刑也。流宥五刑。宥。寬也。鞭作官刑。官事之刑。以鞭爲治。朴作教刑。不勤道業。朴。夏楚也。金作贖刑。金。黄金。誤而入刑。出金以贖罪。眚災肆赦。怙終賊刑。眚。過也。災。害也。肆。緩。過而有害。當緩赦之。怙姦自終。當刑殺之。欽哉欽哉。惟刑之恤哉。欽，敬也。恤，憂也。流共工于幽州，北裔。放驩兜于崇山，南裔。竄三苗于三危，西裔。殛鯀于羽山，東裔。四罪而天下咸服。

臣按：此帝舜攝位時事也。象以典刑，謂揭常刑之法以示人，如天之垂象，使易避而難犯也。五刑，刑之重者也，罪雖重而情可矜，則宥之以流放。竄、殛，皆流也。鞭扑，刑之輕者也，過本輕而情又可原，則許之以贖。贖，去赦無幾矣。不即赦而猶贖者，過雖輕，猶欲其知悔也。遽赦之，則悔無從生矣。過誤致災，愍民之不幸者也，故赦之。此所謂聖人之仁。負恃罔悛，姦民之無良者也，故刑之。此所謂聖人之義。春生秋殺。一出無心。而欽哉欽哉。未嘗不惟刑之恤也。曰欽曰恤之二言。自聖相傳。此其心法。而用刑特一事爾。四凶之罪不加以五者之正刑。而止從流宥。既仁之至。逆諸四夷。不與同中國。又義之盡。所罪者四人。而天下無不服者。非棄刑之天下實刑之也。流放竄殛。舊說以爲誅殺非也。儻果誅之。則於市於朝而不於四裔矣。大宰曰流曰放。若今之安置居住。曰竄曰殛。若今之覊管編隸。故我

太祖皇帝因讀書至此。有曰四凶之罪止從流

竄而歎後世刑綱之密。嗚呼。此眞所謂異世同心者歟。

帝曰。棄。臣名黎民阻飢。阻。厄也。汝后稷。農官名播時百穀。播。布也。帝曰。契。臣名百姓不親。五品不遜。五品。父子君臣夫婦長幼朋友。五者之倫也。遜。順也。汝作司徒掌教官名。敬敷五教在寬敬者。敬其事也。五教。父子有親。君臣有義。夫婦有別。長幼有序。朋友有信。寬。謂從容不迫也。帝曰。皋陶。蠻夷猾夏。猾。亂也。夏。華夏。寇賊姦宄。劫人曰寇。殺人曰賊。在外曰姦。在內曰宄。汝作士。士。理官。五刑有服。服。謂服其罪。五服三就。孔安國謂大罪于原野。大夫于朝。士于市。此其槩耳。若宮辟則下蠶室。餘刑亦有就屏處者。不皆朝市也。五流有宅。宅。居也。五宅三居。大罪四裔。次九州之外。次千里之外。惟明克允。克。能也。允。信也。用刑之道。必致其明察然後能使人信服。

臣按舜之命官也先播穀次敷教而後及于刑蓋有以養其民之身又有以善其民之心不獲巳乃置刑焉而刑之所施又必察其情當其罪是亦前章惟刑之恤之意也欽恤者聖人用刑之心明允者聖人用刑之法。

帝曰皋陶惟茲臣庶罔或干于正。干，犯也。汝作士明于五刑以弼五教。弼，輔也。期于予治刑期于無刑民協于中。協，合也。時乃功懋哉皋陶曰帝德罔愆。罔，無也。愆，過也。臨下以簡御衆以寬罰弗及嗣賞延于世宥過無大刑故無小罪。疑惟輕。功疑惟重。與其殺不辜。寧失不經。好生之德。洽于民心。茲用不犯于有司。帝曰。俾予從欲以治。四方風動。惟乃之休。

臣按帝舜以民協于中爲皋陶之功。皋陶以民之不犯爲帝舜之德。君臣之間。豈虛相稱美哉。舜之制刑也。特以輔教化之所不及。而其用刑也。本期至于無刑。皋陶爲士師之官。能體舜此心。明其刑以示人。使爲臣庶者。無復干上之政。而民亦遷善遠罪。以協于中。刑之設至是眞無所用矣。此舜所以美之也。皋陶則謂此皆帝之

德而非臣之功蓋其臨下則簡而不煩御衆則
寬而不迫父罪不及其子惡惡之短也賞其身
又延于世善善之長也過誤所犯雖大必宥不
忌故犯雖小必刑即前所謂眚災肆赦怙終賊
刑也罪之疑則從輕功之疑則從重忠厚之至
也有罪而殺國之常典然有可以殺可以無殺
者與其殺之而濫及無辜寧姑宥之而有虧常
典聖人之心惟恐殺一不辜以傷吾天地之仁
此所謂好生之德也惟帝好生之德洽于民心
故其民亦自愛其生無復犯有司之法者詳味

洽之一辭，則其漸涵漸漬，入人之深，豈一朝一夕之力哉？舜之德雖覆載無以加，而臯陶但以罔愆言之，蓋必如是僅可謂之無過爾。然則德未至于舜者，其可自滿乎？臯陶既誦帝之德，帝復稱臯陶之美，蓋其褒贊之中未嘗無勉勵之意，此所以爲舜之君臣也。

子曰：道之以政，道，即導也。齊之以刑，齊，一也。民免而無耻；道之以德，齊之以禮，有耻且格。格，至也。

臣按：政刑所以禁民之身，故雖免于罪而無所媿耻；德禮所以善民之心，故有媿耻而且至于

善

季康子問政于孔子曰如殺無道以就有道何如孔子對曰子爲政焉用殺子欲善而民善矣欲猶好也君子之德風小人之德草草上之風必偃

臣按民性本善爲政者以善廸之未有不趨于善者何以殺爲君子小人以位而言君子之德如風之動物小人之德如艸之從風未有風行而艸不偃者未有上好善而民不善者

漢文帝時賈誼上疏曰凡人之智能見已然不能見將然夫禮者禁于將然之前而法者禁于已然之後

是故法之所用易見而禮之所爲者難知也若夫慶賞以勸善刑罰以懲惡先王執此之政堅如金石行此之令信如四時據此之公無私如天地耳豈顧不用哉然而曰禮云禮云者貴絕惡于未萌而起教于微眇使民日遷善遠罪而不自知也孔子曰聽訟吾猶人也必也使毋訟乎爲人主者莫如先審取舍取舍之極定于內而安危之萌應于外矣安者非一日而安也危者非一日而危也皆以積漸然不可不察也人主之所積在其取舍以禮義治之者積禮義以刑罰治之者積刑罰刑罰積而民怨背禮義積而民

和親。故世主欲民之善同。而所以使民善者或異。或道之以德教。或敺之以法令。道之以德教者。德教洽而民氣樂。敺之以法令者。法令極而民風哀。哀樂之感。禍福之應也。秦王之欲尊宗廟而安子孫。與湯武同。然而武廣大其德行六七百歲而弗失。秦王治天下十餘歲則大敗。此亡他故矣。湯武之定取舍審而秦王之定取舍不審矣。夫天下大器也。今人之置器。置諸安處則安。置諸危處則危。天下之情與器亡以異。在天子之所置之。湯武置天下于仁義禮樂。而德澤洽禽獸草木廣裕。德被蠻貊四夷。累子孫數十世此天下所共聞也秦王置天下於法令刑罰德澤亡一有而怨毒盈于世下憎惡之如仇讎旤幾及身子孫誅絕此天下之所共見也是非甚明效大驗邪人之言曰聽言之道必以其事觀之則言者莫敢妄言今或言禮誼之不如法令教化之不如刑罰人主胡不引殷周秦事以觀之也

臣按商之刑制不見于經獨觀伊尹之稱湯曰代虐以寬民其允懷則漢史所謂用刑罰以督姦慘肌膚以懲惡者必非商家之政也學者惟當信經而已若周之刑制則具見于周官大司

徒以八刑糾民在三物教民之後而其所糾者
不孝不睦不婣不弟不任不恤造言亂民而已
是其刑祗以爲教也大司寇掌邦之三典曰刑
新國用輕典曰刑平國用中典惟亂國乃用重
典焉平者其常而重者其不獲已也小司寇以
八辟麗邦法親有議故有議賢能功勤若貴若
賓莫不有議未嘗偏施之法也司刺掌三宥三
赦之法不識者宥過失者宥遺忘者亦宥幼弱
者赦老耄者赦蠢愚者亦赦未嘗槩加之罪也
其仁愛忠厚之至上配有虞成康之世刑措不

用幾四十載此所謂置天下于仁義者也秦自孝公用商鞅行新法步過六尺者有罰棄灰于道者有刑臨渭論囚水爲之赤始皇既并滅六國自以水德之治剛毅戾深事皆決于法刻削無仁恩和義于是急法久者不赦又用李斯之言敢偶語詩書棄市以古非今者族專任獄吏得親幸用事凡誦法孔子者皆重法繩之至二世用趙高謀行誅大臣及諸宗室以罪過連逮近官宿衛無得免者而六公子戮死于社又用李斯謀行督責之術凡殺人多者爲良吏此所

謂置天下于刑法者也。而周之享國八百餘年。秦之亾也。纔及二世。誼之所謂明效大驗者。豈虚言哉。漢文本是寬仁之君。而又施行賈誼之策。專務以德化民。斷獄四百幾致刑錯。其後王氏移國。而天下謳吟思漢。光武因之。克復舊物。歷年之久。亞于商周。後世未有能及者。誼之言又益信矣。後世人主。可不堅歟。

武帝建元初。董仲舒對策曰。臣謹按春秋之文。求王道之端。得之于正。正次王。王次春。春者天之所爲也。正者。王之所爲也。其意曰。上承天之所爲。而下以正

以諷諫則忠以解陰陽未嘗

其所爲正王道之端云爾然則王者欲有所爲宜求其端于天天道之大者在陰陽陽爲德陰爲刑刑主殺而德主生是故陽常居大夏而以生育長養爲事陰常居大冬而積于空虛不用之處以此見天之任德不任刑也天使陽出布施于上而主歲功使陰入伏于下而時出佐陽陽不得陰之助亦不能獨成歲終陽以成歲爲名此天意也王者承天意以從事故任德教而不任刑刑者不可任以治世猶陰之不可任以成歲也爲政而任刑不順于天故先王莫之肯爲也今廢先王德教之官而獨任執法之吏治民毋

乃任刑之意與。孔子曰。不教而殺謂之虐。虐政用于下。而欲德教之被四海。故難成也。

臣按仲舒以春秋之學。推明王者任德不任刑之意。可謂善矣。然陽以生萬物。陰以成萬物。其功一也。陰雖伏於大冬。乃所以爲造化之本。蓋非正無以爲元。不闔無以爲闢。伏藏于冬而後能發育于春。然則以陰居冬爲積于空虛不用之地。殆未然也。然方武帝即位之初。英武明斷。仲舒逆慮其有任刑之失。故舉天道明王道。以啓其好生惡殺之心。則仲舒之言。眞武帝之箴

砭也其後張湯趙禹之徒進而見知故縱之法行卒以任刑流毒海內仲舒其知言哉

宣帝時路溫舒上書曰臣聞秦有十失其一尚存治獄之吏是也秦之時羞文學好武勇賤仁義之士貴治獄之吏正言者謂之誹謗遏過者謂之妖言故盛服先生不用于世忠良切言皆鬱于胸譽諛之聲日滿于耳虛美熏心實禍蔽塞此乃秦之所以亡天下也方今天下賴陛下恩厚亾金革之危飢寒之患然太平未洽者獄亂之也夫獄者天下之大命也死者不可復生斷者不可復屬書曰與其殺不辜寧失不

經。今治獄吏則不然。上下相毆。以刻爲名。深者獲公名。平者多後患。故治獄吏皆欲人死。非憎人也。自安之道在人之死。是以死人之血流離于市。被刑之徒比肩而立。大辟之計歲以萬數。太平之未洽。凡以此也。夫人情安則樂生。痛則思死。捶楚之下。何求而不得。故囚人不勝痛。則飾辭以視之。吏治者利其然。則指道以明之。上奏畏卻。則鍛鍊而周內之。蓋奏當之成。雖咎繇聽之。猶以爲死有餘辜。何則。成鍊者衆。文致之罪明也。故俗語云。畫地爲獄。議不入。刻木爲吏。期不對。此皆疾吏悲痛之辭也。故天下之患莫深

建官之意甚古而擇人亦精

于獄。敗法亂正。離親塞道。莫甚乎治獄之吏。此所謂一尚存者也。上深愍焉。廼下詔曰。間者吏用法。巧文寖深。是朕之不德也。夫決獄不當。使有罪興邪。不辜蒙戮。父子悲恨。朕甚傷之。今遣廷史與郡鞫獄。任輕祿薄。其為置廷平。秩六百石。員四人。其務平之。以稱朕意。于是選于定國為廷尉。求明察寬恕黃霸等為廷平。季秋後請讞。時上常幸宣室。齋居而決事。宣室殿名。在前殿之側。齋則居之。獄刑號為平矣。

臣按。溫舒之論。雖專為獄吏發。其實則譏當時之君。故始言秦之時。貴治獄之吏。非自貴。由上貴之也。次言上下相敺以刻爲明，則下之爲此者，上實驅之也。又次言自安之道在于人死，則可見當時之吏能殺人者，上之所欲，故安；否則違上之所欲，故危。蓋孝宣雖賢明之君，而實好刑名之學，故其意指所形，至于如此。上之所好，其可不謹邪？捶楚之下，何求不得？至刻木爲吏，期于不對。此十餘言者，其于胥吏慘刻之情，獄犴寃枉之狀，可謂盡之矣。畫地爲獄，猶不可入，況眞獄乎？刻木爲吏，猶不可對，況眞吏乎？溫舒之言，至深悲痛，于是宣帝爲之感悟，置官以平

朝廷不言而盜賊言之然終聽之曰可鄙

之躬親以決之亦可謂善聽忠言者。然其為治終以霸王之道雜故刑餘周召法律詩書卒不免于世所譏而史臣書之曰獄刑號為平矣號之一辭名然而實否之謂也人主所好可不謹諸

隋文帝以盜賊繁多。命盜一錢以上皆棄市或三人共盜一瓜事發即死于是行旅皆晏起早宿天下懍懍有數人劫執事而謂之曰吾豈求財者邪但為枉人來耳而為我奏至尊自古以來體國立法未有盜一錢而死也而不為我以聞吾再來而屬無類矣帝

聞之爲停此法

臣按隋文制刑以戢盜非不嚴也而盜卒不能戢法終不可行至唐太宗輕徭薄賦開斯民衣食之門數年之間外戶不閉道不拾遺其失其得可以鑑矣

帝嘗乘怒以六月杖殺人大理少卿趙綽固爭曰季夏之月天地成長庶類不可以此時誅殺帝曰六月雖云生長此時必有雷霆我則天而行有何不可遂殺之

臣按隋文謂六月必有雷霆不知雷霆雖威初

非爲殺物設也易稱鼓萬物者莫疾于雷其與日之烜雨之潤風之散同于生物而巳世人惡戾之氣適與之會而震死者有之非雷霆求以擊之也隋文徒欲以辨口折人而文其暴怒之私不知昧于天道亦巳甚矣及唐貞觀改定律令自春及秋禁行戮刑然後得古者刑以秋冬之意惟其有仁暴之異所以爲治亂之分歟

唐太宗嘗覧明堂針灸圖見人之五藏皆近背針灸失所則其害致死歎曰夫箠者五刑之輕死者人之所重安得犯至輕之刑而或至死遂詔罪人毋得鞭

背。

臣按隋煬之用刑或先截其舌。太宗之用刑至不忍笞其背。此煬之惡所以浮于桀紂。而太宗除亂之功所以庶幾于湯武與。

河内人李好德坐妖言下獄。大理丞張藴古以爲好德病狂瞀法不當坐。治書侍御史權萬紀劾藴古奏不以實。太宗怒遽斬藴古。既而大悔。因詔死刑雖令即決皆二覆奏。久之謂群臣曰死者不可更生。決囚雖二覆奏而頃刻之間何暇思慮。自今宜二日五覆奏。決日尚食勿進酒肉。教坊太常輟教習。諸州死罪三覆奏。其日亦蔬食。務合禮撤樂減膳之意。太宗以英武定天下。然其天姿仁恕。初即位有勸以威刑肅天下者。魏徵以爲不可。因爲上言王政本于仁恩。所以愛民厚俗之意。太宗欣然納之。遂以寛仁治天下。而于刑法尤愼。四年。天下斷死罪二十九人。六年。親錄囚徒。閔死罪者三百九十人。縱之還家。期以明年秋即刑。及期囚皆詣朝堂無後者。太宗嘉其誠信。悉原之。

臣按唐繼隋者也。隋文任法之峻如彼。而太宗用刑之寛如此。隋文再傳而失天下。唐之享國幾三百年。天子仁暴之私亦甚明矣。賈誼以周秦並言。臣今亦以隋唐併論。足爲方來之鑑乎。

憲宗英果明斷。自卽位數誅方鎭。欲治僭叛。一法度然于用刑喜寬仁。是時李吉甫李絳爲相。吉甫言治天下必任賞罰。陛下頻降赦令。蠲逋負。賑飢民。恩德至矣。然典刑未舉。中外有懈怠心。絳曰。今天下雖未大治。亦未甚亂。乃古平國用輕典之時。自古欲治之君。必先德化。暴亂之世。專任刑法。吉甫之言過矣。憲宗以爲然。司空于頔亦諷帝用刑以收威柄。帝謂宰相曰。頔懷姦謀。欲朕失人心也。

臣按憲宗能從李絳之言。亦猶太宗能納魏徵之說也。是以元和之治庶幾貞觀。姦邪小人。用意刻薄。每每以嚴刑峻法導人主。斯高之于二世是也。憲宗察于頔之姦。其欲使以失人心。其可謂明也矣。

以上論德刑先後之分

大學衍義卷之二十五終

大學衍義卷之二十六

宋　學士　眞德秀　彙輯
明　史官　陳仁錫　評閱

格物致知之要三

審治體

義利重輕之別

孟子見梁惠王。王曰。叟。不遠千里而來。亦將有以利吾國乎。孟子對曰。王何必曰利。亦有仁義而已矣。王曰何以利吾國。大夫曰何以利吾家。士庶人曰。何以利吾身。上下交征利。而國危矣。萬乘之國弑其君者。

必千乘之家。千乘之國。弑其君者。必百乘之家。萬取千焉。千取百焉。不爲不多矣。苟爲後義而先利。不奪不饜。未有仁而遺其親者也。未有義而後其君者也。王亦曰仁義而已矣。何必曰利。

臣按孟子初見惠王。惠王首以利國爲問。葢自春秋至于戰國。先王之道不明。人心陷溺。惟知有利而已。孟子將以攻其邪心。故直告之曰。王何必曰利。亦有仁義而已矣。仁者本心之全德。義者當然之正理。爲國者當躬行仁義於上。而不可以利爲心。若王欲自利其國。則大夫亦欲利其家。士庶人亦欲利其身。上下爭相求利。國安得不危。蓋以仁義爲本。是導民於理也。以利爲尚。是導民於欲也。理明則尊卑上下之分定。不然。則凡有血氣者。皆思自足其欲。非盡攘上之所有不已也。於是簒弑之事興。其害有不勝討者。吁。可畏哉。夫仁不遺親。義不後君。非强之使然也。仁主於愛。愛莫大於愛親。義者宜也。宜莫先於尊君。舉世之人皆由仁義。則無不愛其親。尊其君。三代盛時。所以長治久安而無後患也。爲國者舍是其將焉求。故重言之曰。王何必曰利亦有仁義而已矣大學末章論天下之平曰國以義爲利不以利爲利推言求利之弊至於菑害並至雖有善者亦末如之何前聖後賢所以回利欲之瀾而杜爭奪之隙者如出一口爲國者其審圖之

宋牼將之楚孟子遇於石丘曰先生將何之曰吾聞秦楚搆兵我將見楚王說而罷之楚王不說我將見秦王說而罷之二王我將有所遇焉曰軻也請無問其詳願聞其指說之將何如曰吾將言其不利也曰先王之志則大矣先生之號則不可先生以利說秦

楚之王秦楚之王悦於利以罷三軍之師是三軍之士樂罷而悦於利也爲人臣者懷利以事其君爲人子者懷利以事其父爲人弟者懷利以事其兄是君臣父子兄弟終去仁義懷利以相接然而不亡者未之有也先生以仁義説秦楚之王秦楚之王悦於仁義以罷三軍之師是三軍之士樂罷而悦於仁義也爲人臣者懷仁義以事其君爲人子者懷仁義以事其父爲人弟者懷仁義以事其兄是君臣父子兄弟去利懷仁義以相接也然而不王者未之有也何必曰利

臣按戰國交兵之禍烈矣宋牼一言而罷之豈非生民之福而仁人之所甚願者哉顧利端一開君臣父子兄弟將惟利是趨春秋弑君三十六大抵皆見利而動其禍又有甚於交兵者是以聖賢不得不嚴其防也

荀子義與利者人之所兩有也雖堯舜不能去民之欲利然而能使其欲利不克其好義也克勝也雖桀紂亦不能去民之好義然而能使其好義不勝其欲利也故義勝利者爲治世利克義者爲亂世上重義則義克利上重利則利克義故天子不言多少諸侯不

荀卿未知性此是確證

言利害。大夫不言得喪。士不通財貨。有國之君不息牛羊。錯質之臣不息雞豚。冢卿不修幣。冢。長也。大夫不爲場園。從士以上皆羞利。而不與民爭業。樂分施而恥積藏。

臣按。荀卿之論美矣。然謂義之與利。人所兩有。則是未知人之本性也。性之所有。惟義而已。自其物我角立。然後利心生焉。又謂堯舜不能去民之欲利。桀紂不能去民之欲義。夫桀紂不能去民之欲義心者。以其秉彝之善。雖暴君不能奪也。若曰堯舜不能去民之利心。則所謂黎民於變者。果何事耶。聖人之化所以與天地同流者。正以使民遷善遠罪而不知也。若民有利心。而不能去。則非所謂遷善而不知矣。夫利者人心之蟊賊。不可有也。聖賢之教學者。必使盡去此心。而後可與為善。其化民必使盡革此心。而後可與為治。曾謂堯舜之民而猶有利心邪。卿以人性為惡。故其論若此。臣不得以不辯。

漢昭帝始元中。詔有司問郡國所舉賢良文學民所疾苦。文學對曰。竊聞治人之道。防淫佚之原。廣道德之端。抑末利而開仁義。毋示以利。然後教化可興而風俗可移也。今郡國有鹽鐵酒榷均輸與民爭利。散敦厚之樸。成貪鄙之化。是以百姓就本者寡。趨末者衆。願悉罷之。御史大夫桑弘羊難以爲此國家大業。所以制四夷安邊足用之本。罷之不便。文學曰。有國家者。不患寡而患不均。不患貧而患不安。故天子不言多少。諸侯不言利害。大夫不言得喪。蓄仁義以豐之。廣德行以懷之。是以近者親附而遠者悅服。仁政無敵於天下。惡用費哉。又曰。國有沃野之饒。而民不足於食者。工商盛而本業荒也。有山海之貨。而民不足於財者。不務民用而淫巧衆也。高帝禁商不得仕宦所以過貪鄙之俗也排囷市井防閑利門而民猶爲非況上之得利乎傳曰諸侯好利則大夫鄙大夫鄙則庶人盜是開利孔爲民罪梯也又曰民人藏于家諸侯藏於國天子藏於海内又曰文帝之時無鹽鐵之利而民富今有之而百姓困且利非從天來不由地出一取之民李梅多實者來年爲之衰新穀熟者舊穀爲之虧自天地不能以兩贏而況於人事乎故利於此必耗於彼而商君峭法長利秦人不聊生相與哭孝公秦日以危又曰古者制地足以養民民足以承其上千乘之國百里之地公侯伯子男各充其

求贍其欲秦兼萬國之地有四海之富而意不贍非宇小而用菲欲多而下不堪其求也語曰廐有腐肉國有飢民廐有肥馬路有餧人今狗馬之養蟲獸之食無用之官不急之作無功而衣食縣官者衆是以上不足而下困乏也今不減其本而與百姓爭薦草與商賈爭市利非所以明主德而相國家也丞相車千秋曰先王之道軼久而難復賢良文學之言深遠而難行非當世所及遂罷議

臣按漢武之世內興奢侈外事四夷於是聚斂之臣用鹽鐵均輸酒榷之法行言利者析秋豪

而民不堪命矣。昭帝初立。霍光爲政。詔賢良文學之士問民所疾苦。而對者首以抑末利興仁義爲言。而沮於弘羊。扼於千秋。正論竟未獲伸。僅能罷酒榷一事而已。然賢良文學之徒。分别義利。其有可爲後世法者。故劉其畧著于篇云

唐太宗時治書侍御史權萬紀上書。言宣饒二州銀大發采之。歲可得數百萬緡。上曰。朕貴爲天子。所乏者非財也。但恨無嘉言可以利民耳。與其多得數百萬緡。何如得一賢才。卿未嘗進一賢。退一不肖。而專言稅銀之利。昔堯舜抵璧於山。投珠於谷。漢之桓靈。乃

聚錢爲私藏。卿欲以桓靈待我耶。是日黜萬紀使還家。

臣按太宗可謂賤貨而貴德矣。其曰得數百萬緡。不如得一賢才。此古今之名言也。有天下者宜深體之。

德宗在奉天。於行宮廡下貯諸道貢獻之物。榜曰瓊林大盈庫。陸贄上疏諫贄爲翰林學士曰。作法於涼。其弊猶貪。作法於貪。弊將安救。示人以義。其患猶私。示人以私。患必難弭。故聖人之立教也。賤貨而尊讓。遠利而尚廉。天子不問有無。諸侯不言多少。懼賄之生人心而開禍端傷風教而亂邦家也是以務鳩斂而厚帑積之積者匹夫之富也務散惠而收兆庶之心者天子之富也何必降至尊而代有司之守辱萬乘以效匹夫之藏今之瓊林大盈古無其制傳諸耆舊創自開元貴臣貪權飾巧求媚乃言郡邑貢賦盍各區分賦稅委之有司以給經用貢獻歸之天子以奉私求玄宗悅之新是二庫蕩心侈欲萌柢於茲迨乎失邦終以餌寇記曰貨悖而入者必悖而出豈其明效歟今天衢尚梗師旅方殷而諸道貢珍遽私別庫竊揣軍情或生觖望夫國家作事以公共爲心者人必樂

而從之。以私奉爲心者。人必咈而叛之。爲人上者。當洒濯其心。奉三無私。以壹有衆。人或不率。於是用刑。然則宜其利而禁其私天子所恃以理天下之具也。捨此不務。而壅利行私。欲人無貪。不可得也。今茲二庫。珍幣所歸。不領度支。是行私也。不給經費。非宣利也。物情離怨。不亦宜乎。陛下誠能近想重圍之殷憂追戒平居之專欲。器用取給。不在過豐。衣食所安。必以分下。凡在二庫貨賂。盡令出賜有功。坦然布懷。與衆同欲。是後納貢。必歸有司。如此則亂必靖。賊必平。是乃散小儲而成大儲。損小寶而固大寶也。

臣按德宗專利自私。非王者至公之體。故陸贄爭焉。今剟其略以爲世戒。

以上論義利重輕之别。

大學衍義卷之二十六

大學衍義卷之二十七

宋 學士 真德秀 彙輯
明 史官 陳仁錫 評閱

格物致知之要四

察民情

生靈嚮背之由

泰誓。周武王伐紂。作此以誓衆士。古人有言曰。撫我則后。后。君也。虐我則讎。獨夫受。洪惟作威。乃汝世讎。

臣按武王舉古人之言。以明民之常情如此也。若君民之分。豈以虐我而遂讎之哉。然君民之

分不可恃而民之常情不可不察

康誥武王封康叔于衛作此書告戒之曰天畏棐忱棐輔也忱誠也民情大可見小人難保往盡乃心無康好逸豫乃其乂民我聞曰怨不在大亦不在小惠不惠懋不懋懋勉也

臣按此成王勉康叔之辭康叔就封有君人之責故告之曰天命不常雖甚可畏然誠則輔之民情好惡大略可見而小民至為難保然則小民曷為難保邪曰萬事之得或以一惠之失而召怨萬人之悅或以一夫之怨而生亂此其所以難保也然康叔往治其國豈有它哉盡汝之

心。無自安而好逸豫。乃其所以乂民也。昔之人或以小失而致怨者。故不在大。亦或以大過而致怨者。故不在小。怨之來也非一端。其弭怨也無它術。惟順所不必順。勉所不必勉。於人情所忽者。一不敢忽焉。庶幾其無怨乎。始以天與民並言。而終獨歸之民者。民心即天心也。能保小民。則能保天命矣。

春秋傳。穀梁氏曰。財盡則怨。力盡則懟。

臣按。此亦言民之常情。故聖賢之君。輕賦斂而不盡其財。省徭役而不盡其力。

若非樂民之樂必不能樂以天下

齊宣王見孟子於雪宮。王曰。賢者亦有此樂乎。孟子對曰。有。人不得則非其上矣。不得而非其上者。非也。為民上而不與民同樂者。亦非也。樂民之樂者。民亦樂其樂。憂民之憂者。民亦憂其憂。樂以天下。憂以天下。然而不王者。未之有也。

臣按。為民上者。知有宮室之樂。為民者亦欲有居處之安。因已之樂而圖民之憂。是之謂與民同樂。因民之憂而不敢恣已之樂。是之謂與民同憂。君之憂樂與民同。而民不與君同其憂樂者鮮矣。故為人君者。不以已之樂為樂。而以天

還有先者

下之樂爲樂不以己之憂爲憂而以天下之憂
爲憂如此而天下不歸者未之有也
齊宣王問曰人皆謂我毀明堂毀諸已乎孟子對曰
夫明堂者王者之堂也王欲行王政則勿毀之矣王
曰王政可得聞乎對曰昔者文王之治岐也耕者九
一仕者世祿關市譏而不征澤梁無禁罪人不孥老
而無妻曰鰥老而無夫曰寡老而無子曰獨幼而無
父曰孤此四者天下之窮民而無告者文王發政施
仁必先斯四者詩云哿矣富人哀此煢獨王曰善哉
言乎曰王如善之則何爲不行王曰寡人有疾寡人

好貨。對曰。昔者公劉好貨。詩云。乃積乃倉。乃裹餱糧于槖于囊。思戢用光。弓矢斯張。干戈戚揚。爰方啓行。故居者有積倉。行者有裹糧也。然後可以爰方啓行。王如好貨。與百姓同之。於王何有。王曰。寡人有疾。寡人好色。對曰。昔者大王好色。愛厥妃。詩云。古公亶父來朝走馬。率西水滸。至于岐下。爰及姜女。大王妃聿來胥宇。胥。皆也。宇。居也。當是時也。內無怨女。外無曠夫。王如好色。與百姓同之。於王何有。

臣按。此亦前章之意。文王發政施仁。必先於鰥

寡孤獨。孟子以爲此四者天下之窮民而無告

者故文王先焉以臣攷之不虐無告不廢困窮
自堯舜已然矣文王治岐之心即堯舜治天下
之心也宣王知善孟子之言而自謂不能行者
以有好貨好色之累而孟子則以公劉大王之
事爲言以爲人君豈能不事儲峙之富惟能推
此心使民亦有餱糧之積可也人君豈能無妃
匹之奉惟能推此心使民亦有配偶之安可也
夫公劉非好貨也不過居則有積倉行則有裹
糧爾而當時之民居者行者亦皆有以自養而
無饑餓之虞可見其與民同欲也大王非好色

也不過同姜女以來胥宇爾而當時宮中無怨女民間無曠夫可見其與民同欲也今劉太王與民同欲如此王業安得而不興後世人主私四海之富鉅橋洛口儲粟山積而民無宿昔之糧後六宮之奉燕姬趙女充盈館籞而民多鰥孤之歎其專欲病民如此禍變安得而不作惟仁聖之君享玉食而憂民之不飽於藜藿對嬪御而念民之不足於室家推此之心行此之政其庶矣乎

漢文帝時晁錯以賢良對策曰三王臣主俱賢故合

謀相輔。計安天下。莫不本於人情。人情莫不欲壽。三王生而不傷也。人情莫不欲富。三王厚而不困也。人情莫不欲安。三王扶而不危也。人情莫不欲逸。三王節其力而不盡也。其爲法令也。合於人情而後行之。其動衆使民也。本於人事然後爲之。取人以己。內恕及人。情之所惡。不以彊人。情之所欲。不以禁人。是以天下樂其政。歸其德。望之若父母。從之若流水。

臣按。漢初去古未遠。先秦舊聞。猶有存者。斯言者。非錯之言。先民之遺言也。夫人情之所欲。順之則安。擾之則危。故虞廷君臣相戒。必曰罔咈百姓以從巳之欲。錯之論大抵本此。而其敷陳尤詳且盡焉。然總其要歸。不過數端。曰不窮兵。不黷武。所以全其生也。不急征。不橫斂。所以厚其財也。不爲苛擾之政。所以安其居也。不興長久之役。所以養其力也。本之以仁。行之以恕。三王之所謂本人情者如是而已。考觀漢文之治。雖未盡合古。而寬仁安靜。蓋庶幾焉。豈錯之對有以發之耶。武帝一切反之。幾至危亂。臣故於錯有取云。

唐德宗在奉天。朱泚反。上幸奉天。陸贄上疏。謂當今急務。在

於審察羣情羣情之所甚欲者陛下先行之羣情之
所深惡者陛下先去之欲惡與天下同而天下不歸
者未之有也又曰當達欲以行已所難布誠以除人
所病竊聞輿議頗究羣情四方則患於中外意乖百
辟又患於君臣道隔郡國之志不達於朝廷朝廷之
誠不升於軒陛上澤闕於下布下情壅於上聞實事
不必知知事不必實上下否隔眞僞雜糅聚怨囂囂
騰謗籍籍欲無疑阻其可得乎臣謂宜因文武羣臣
入參之日陛下特加延接親與敘言備論禍亂之由
明示咎悔之意各使極言得失仍令一一面陳軍務

之餘。到即引對。匹夫片言。採錄不遺。乃是總天下之智以助聰明。順天下之心以施敎令。則君臣同志。何有不從。遠邇歸心。孰與爲亂。疏奏。上無施行。贄又言曰。立國之要。在乎得衆。得衆之要。在乎見情。故仲尼謂人情聖王之田。言理道所由生也。時之否泰。事之損益。萬化所繫。必因人情。上下交而泰。不交而否。自損者人益。自益者人損。情之得失。豈容易哉。故喻君爲舟。喻人爲水。水能載舟。亦能覆舟。舟即君道。人即人情。舟順水之道乃浮。違則沒。君得人之情乃固。失則危。是以聖人之居人上也。必以其心從天下之心。

而不敢以天下人從其欲。德宗不能從。

臣按。德宗專己欲而咈天下之情。是以致建中之亂。陸贄懇懇言之。猶弗見聽。唐治自是日衰。不明之君。可與言哉。

以上論生靈嚮背之由

察民情

田里戚休之實

詩采薇。遣戍役也。文王之時。西有昆夷之患。北有玁狁之難。以天子之命命將帥。天子。紂也遣戍役以守衛中國。故歌采薇以遣之。其首章曰。采薇采薇。薇亦作止。

作。生也 曰歸曰歸。歲亦莫止。莫音暮 靡室靡家。靡無也 玁狁之故。不遑啓居。玁狁之故。其次章曰。采薇采薇。薇亦柔止。薇始生而柔 曰歸曰歸。心亦憂止。憂心烈烈。載饑載渴。我戍未定。靡使歸聘。三章曰。采薇采薇。薇亦剛止。曰歸曰歸。歲亦陽止。十月 王事靡盬。不遑啓處。憂心孔疚。我行不來。其末章曰。昔我往矣。楊柳依依。今我來思。雨雪霏霏。行道遲遲。載渴載饑。我心傷悲。莫知我哀。

臣按此商之末造。紂爲無道。夷狄交侵。文王時爲西伯。以天子之命遣戍役。以衛中國。非可已

而弗已也。而遣行之詩。丁寧惻怛。曰。采薇采薇
以薇爲遣戍之期也。薇之生戍者始行。薇之柔
戍者在行。薇之剛戍者將歸。歷時久而歸期緩
也。曰。靡室靡家。念戍者之離其配偶也。曰。不遑
啓居。念戍者之不得安其起居也。曰。憂心烈烈。
載饑載渴。念昔者以歸期尚遠爲憂而又重之
以饑渴也。曰。我戍未定。靡使歸聘。念戍者之行
役未定。無與歸問其家之安否也。曰。王事靡盬。
不遑啓處。念昔者之勤勞王事不得安其居處
也。曰。憂心孔疚。我行不來。念昔者之决於死敵。

憂心雖甚病而此行無歸期也末章又言昔我之往楊柳依依春之中也今我之來雨雪霏霏冬之末也征行之久飢渴之害心傷悲而人莫我知凡此皆戍者之情鬱結于中不能以自愬者文王乃先其未發歌詠以勞苦之如其身之疾疢焉故范祖禹謂於采薇見先王以人道使人至於後世則牛羊而已矣豈不然哉出車勞還杕杜勤歸大抵放此不悉錄云

東山周公東征也征三監也周公東征三年而歸勞歸士大夫美之故作是詩也一章言其完也二章言其思

也。三章言其室家之望女音汝也。四章樂男女之得及時也。君子之於人。序其情而閔其勞。所以說也。說以使民。民忘其死。其唯東山乎。我徂東山。徂。往也慆慆不歸。慆慆。言久也我來自東。零雨其濛。濛。雨貌我東曰歸。我心西悲。制彼裳衣。勿士行枚。士。事也。行。陳也。枚。如箸。戰時所銜蜎蜎者蠋。蠋。桑蟲烝在桑野。烝。發語聲敦彼獨宿。敦。獨處也亦在車下。我徂東山。慆慆不歸。我來自東。零雨其濛。果臝之實。果臝。括樓也亦施于宇。施。延也伊威在室。伊威。小蟲蠨蛸在戶。蠨蛸。小蜘蛛也町畽鹿場。町畽。畦壠也。爲麋鹿之場熠燿宵行。熠燿。螢火也不可畏也。伊可懷也。我徂東山。慆慆不歸。我來自東。零雨其濛。

鸛鳴于垤鸛水鳥將雨則鳴垤蟻冢也婦歎于室洒埽穹窒穹窒鼠穴也我征聿至有敦瓜苦敦徒端切圓成之狀瓜苦苦瓜也烝在栗薪謂瓜延于栗水之上自我不見于今三年我徂東山慆慆不歸我來自東零雨其濛倉庚于飛熠燿其羽熠燿鮮明也之子于歸歸嫁也皇駁其馬馬之黃白曰皇駵白曰駁親結其縭縭帨也九十其儀言多儀其新孔嘉新新貌其舊如之何

臣按此詩凡四章章首必曰我徂東山慆慆不歸我來自東零雨其濛者序其久戍思歸之情閔其歸塗陰雨之苦也我之在東未嘗不曰歸而未可以歸故其心念西而悲今旣歸矣裳衣

之敝制而新之願今以往勿復從事於行陳之間可也彼蜎蜎者蠋則在桑野而敦然獨宿者亦在車下此因道塗所見而興士之獨處也次章言果臝之施于宇伊威在室蠨蛸在戶町畽鹿場熠燿宵行蓋未歸之時遐想其室空無人荒涼岑寂而蔓生之實延焉小蟲綴焉野鹿游焉固非可畏之物不能不動其懷歸之情也三章言天之欲雨也鸛則鳴于垤婦則嘆于室蓋以夫之在行遇雨念之而歎愛之至也洒埽熏鼠以我之征人行且遂至潔除以待望之切也

顧見苦瓜繫于薪上因感其夫匏繫於外我之不見今三年矣觸物興懷無一念之不在也四章言倉庚于飛鮮明其羽此嫁娶之時也之子于歸其馬皇駁有文彩也母爲結褵送其行也九十其儀儀之多也新婚之喜固可嘉矣舊有家室者相見而喜又何如耶蓋男女居室人之至情故一章言其獨宿三章叙其久别而四章又以婚之新舊終焉序詩者曰君子之於人叙其情而閔其勞所以說也可謂得詩之本指矣詩之言我皆周公述歸士之辭士之蘊於其心

可爲不教而募兵者戒

而不能言者。周公盡發之於言。遐想其時。上下交孚。歡欣感激。有不能自已者。後世征戍頻繁。民病于役則有爲詩以刺者。曰父曰嗟予子行役夙夜無已。母曰嗟予季行役。夙夜無寐。曰王事靡盬。不能蓺稷黍。父母何怙。曰哀哀父母。生我劬勞。此以父子不相保而愁也。曰角枕粲兮。錦衾爛兮。予美亡此。誰與獨旦。曰終朝采藍。不能一襜。五日爲期。六日不詹。此以夫婦不相保而愁也。曰漸漸之石。維其高矣。山川悠遠。維其勞矣。曰匪兕匪虎。率彼曠野。哀我征夫。朝夕不暇。此將率戍役以勞苦而慰也。與采薇東山之辭。大抵畧同。然采薇東山上序戍者之情也。陟岵諸詩。戍者或其家人自序其情也。得失之相去。顧不遠哉。今之世兵農雖分。而並邊之民。徃徃或從征役。或任轉輸。饑渴疲勞之狀。戚嗟愁苦之態。徃徃有甚於古者。自將帥守牧未聞有過而問之者。況得上徹於

九重之邃乎。臣今列之是編者。欲

仁聖之君。軫文王周公之念。處宮庭之奧。如親臨邊鄙之間。恤民之憂。如已之憂。則民亦將以

推原小民忠愛之意藹然可咏

上之憂爲憂矣。說以使民。民忘其死。其庶幾乎。

七月。陳王業也。周公遭變。故陳后稷先公風化之所由致。王業之艱難也。

七月流火。流。下也。火。大火心星。六月之昏。入於地之南方。至七月之昏。則下而西流。九月授衣。當流火之時。爲授衣之備也。一之日觱發。一之日。十一月也。觱發者。風寒。二之日栗裂。二之日。十二月也。栗裂者。氣寒。無衣無褐。褐。毛布也。何以卒歲。卒。終也。三之日于耜。三之日。正月也。于。往也。耜。田器。四之日舉趾。四之日。二月也。趾。足也。謂舉足而耕。同我婦子。饁彼南畝。饁。饋也。田畯至喜。田畯。田大夫。

七月流火。九月授衣。春日載陽。載。則也。陽。溫也。有鳴倉庚。黃鸝也。女執懿筐。懿筐。深筐也。遵彼微行。遵。循也。微行。墻下小徑。爰求柔桑。爰。於也。柔桑。穉桑。春日遲遲。遲遲。緩

田里藏休之實

也。采蘩祁祁。蘩，皤蒿也。所以生蠶。祁祁，衆多也。女心傷悲，殆及公子同歸。女常悲春，欲如貴公子之早嫁也。七月流火，八月萑葦。預蓄以為曲薄。蠶月條桑。條桑，枝落之，以取葉也。取彼斧斨，以伐遠揚。斧斨所以伐遠枝之揚起者。於此亦預備之。猗彼女桑。小而長條曰女桑。七月鳴鵙。伯勞也。八月載績。緝麻之名。載玄載黃。以為祭服也玄黃裳。我朱孔陽。朱色光明。為公子裳。以供公上。四月秀葽。草也。五月鳴蜩。蟬也。八月其穫。禾之早穫者。十月隕蘀。謂木葉損落。一之日于貉。謂取狐狸皮也。取彼狐狸，為公子裘。同上。二之日其同。同，會聚也。載纘武功。纘，繼也。功，事也。言私其豵，獻豜于公。田獵所取也。小豕曰豵，大豕曰豜。大獸公之，小獸私焉。五月斯螽動股。斯螽，蝗屬。六月莎雞振羽。莎雞，如蝗。七月在野。

八月在宇。屋霤也九月在戶。十月蟋蟀入我牀下。自七月以下。皆言蟋蟀自野漸入以避寒。穹窒熏鼠。穹。窮也。窒。塞也。熏去其鼠。塞向墐戶。向北出牖。墐。塗也。所以備寒。嗟我婦子。曰爲改歲。入此室處。改歲。大寒將此以處。六月食鬱及薁。鬱。棣屬。薁。蘡薁。七月亨葵及菽。亨。煑也。葵。今之葵。菽。豆也。八月剝棗。剝。普卜反。擊也。十月穫稻。稻。謂晚收者。爲此春酒。以介眉壽。自食鬱以下。皆言養老也。七月食瓜。八月斷壺。瓠也。九月叔苴。叔。拾也。苴麻子。采荼薪樗。荼。苦菜。樗。惡木。食我農夫。以上皆農者之食。九月築場圃。築圃爲場。在今猶然。十月納禾稼。黍稷重穋。後熟曰重。先熟曰穋。禾麻菽麥。嗟我農夫。我稼既同。既同。言已聚也。上入執宮功。宮功。公至之役。晝爾于茅。宵爾索綯。晝取茅。夜作索。亟其乘屋。亟。急也。乘。升也。其始播百穀。以布穀在近。早修宮廬。二之日十二月鑿冰冲冲。冲冲。鑿冰之意。三之日正月納于凌陰。冰室也。四之日其蚤獻羔祭韭。仲春獻羔開冰。獻于寢廟也。韭新出。故薦之。九月肅霜十月滌場。滌。掃也。朋酒斯饗。兩傳曰朋。曰殺羔羊。躋彼公堂。公堂。人君之堂。稱彼兕觥。兕角之觥。萬壽無疆

臣按周家以農事開國。成王幼冲嗣位。周公懼其未知稼穡之艱難也。故作此詩。使瞽矇歌之宮中。此朱熹說。庶幾成王知小民之依。不敢荒寧。蓋與無逸之作同一意也。夫農者衣食之本。一日無農。則天地之所以養人者幾乎熄矣。惟其關

可作函
註

生人之天命是以服天下之至勞今以此詩考之日月星辰之運行昆蟲草木之變化凡感乎耳目者皆有以觸其典作之思是其心無一念不在乎農也自于耜而舉趾自播穀而滌場所治非一器所業非一端私事方畢而公宮之役毋敢稽歲功方成而嗣歲之圖不敢後是一歲之間無一日不專乎農也維夫與婦維婦與子各共乃事各任乃役是一家之内無一人不力乎農也織薄於秋求桑於春躬蠶績之勞以爲衣服之計者無所不至猶恐其未足也于貉爲

裘。又有以相之食。饗及薁。亨葵及菽。備果蔬之美。以充耆老之養者。無所不至。猶恐其未足也。穫稻爲酒。又有以介之。當是時。農之所耕者自有之田也。而上之人又從而崇奬勸厲之。故斯人亦以爲生之樂。而勤敏和悅之氣浹于上下。不見其有勞苦愁歎之狀。朋酒羔羊。升堂稱壽君民相與獻酬。忘其爲尊卑貴賤之殊。後世之農則異乎此矣。已無田可耕。而所耕者他人之田。爲有司者得無殃害之。足矣。豈復有崇奬勸厲之意。故數米而炊。併日而食者。乃其常也。田

事既起丁夫之糧餉與牛之芻豪無所從給豫
指收斂之入以爲稱貸之資糲飯藜羹猶不克
飽敢望有鹽酪之味乎曉霜未釋忍飢扶犂凍
皴不可忍則燎草火以自温此始耕之苦也燠
氣將炎晨興以出傴僂如啄至夕乃休泥塗被
體熱爍濕蒸百畝告青而形容變化不可復識
矣此立苗之苦也暑日流金田水若沸耘耔是
力稂莠是除爬沙而指爲之戾傴僂而腰爲之
折此耘苗之苦也迨垂頴而堅栗懼人畜之傷
殘縛草田中以爲守舍數尺容膝僅足蔽雨寒

夜無眠風霜砭骨此守禾之苦也刈穫而歸婦子咸喜舂揄簸蹂競敏其事若可樂矣而一飽之懽曾無旬月穀入主家之廩利歸質貸之人則室又垂罄矣自此之外惟采薪于某販鬻易粟以苟活而已若夫桑麻種藝蠶績織紝勞苦稱是而敝衣故絮曾不得以卒歲豈不重可哀憐也哉夫農夫紅女之艱勤富室知之者寡矣況士大夫乎士大夫知之者寡矣況貴戚近屬乎貴戚近屬知之者寡矣況六宮嬪御乎近世張栻入侍

經筵因講葛覃之詩言於
孝祖以爲周公之告成王見於詩有若七月見
於書有若無逸欲其知稼穡之艱難與小人之依
帝王所傳心法之要端在於此夫治常生於敬
畏而亂常起於驕肆使爲國者每念乎農畝一
勞則心不存焉者寡矣何者其必嚴恭朝夕而
不敢怠也其必懷保小民而不敢康也其必思
天下之飢寒若已飢寒之也是心常存則驕肆
何自而生豈非治之所由興也與栻之論最爲
懇至臣愚不佞願

詔儒臣以今農夫紅女耕蠶勞勩之狀作爲歌詩退朝之暇使人日誦于前且繪畫成圖揭之宮掖布之戚里庶幾

聖心惕然不忘小民之依而六宮嬪御外家近屬亦知衣食所自來勉爲勤儉之趨而不狃汰侈之習戒諭守宰勤行勸相毋妄興徭役以奪其時毋橫加賦斂以困其力老農之不能自養者籍之有司大夏隆冬賦常平義廪之粟稍振贍之歲凶賑䘏先良農而後游手以示聖朝重本之意則民將爭趨南畝衣食足而孝悌興矣

惟

仁聖垂意焉。

君牙。周書篇名。穆王命君牙爲大司徒。作此以語。夏暑雨。小民惟曰怨咨。冬祁寒。小民亦惟曰怨咨。厥惟艱哉。思其艱以圖其易。民乃寧。

臣按。夏而雨。冬而寒。時令之常也。而小民惟曰怨咨者。非怨天之雨且寒也。小民生生之計。無時弗艱。而於斯時爲尤艱。此其所以怨咨也。厥惟艱哉。非深知民間眞切利疚者。不能言也。爲有司者。當思其艱而爲圖其易者。民乃安矣。穆主爲周六葉天子。生深宮之中。而能惻念細民疾苦。此孔子所以取於書也。然方是時井地之法未壞。有廬可居。有田可食。民之艱已若是。而況今乎。窮閻敗屋。窮山曠野。暑雨淋淫。茅茨不足以自覆。風雪凝沍。楮絮不足以自溫。平居終歲勤動。曾不得穀其腹。隆寒皸瘃。罔所營求。則坐須窮餓而已。歲雖大穰。猶不免此。一遭艱險。則老弱轉乎溝壑。壯者起爲攻剽。勢所必然。民生之艱。莫甚今日。惟

聖明其深軫之。

內多欲而外施仁義必不能及

漢文帝十二年三月詔曰道民之路在於務本朕親率天下農十年于今而野不加辟辟讀曰闢歲一不登民有飢色是從事焉尚寡而吏不加務也吾詔書數下歲勸民種殖而功未興是吏奉吾詔不勤而勸民不明也且吾農民甚苦而吏莫之省將何以勸焉其賜農民今年租稅之半

臣按三代而後知農民之苦未有漢文若者詔令之下勤勤懇懇然使無實惠以將之則詔令爲空文矣惟其方春而豫賜今年之租寬細民之力此其所以爲誠於憫農也

民亦敢言言路之宜通如此

唐德宗貞元二年上畋於新店入民趙光奇家問百姓樂乎對曰不樂上曰今歲頗稔何爲不樂對曰詔令不信前云兩歲之外悉無它徭而誅求者殆過於稅又云和糴而實强取之曾不識一錢始曰所糴粟麥納於道次今則遣致京西行營動數百里車摧牛斃破產不能支愁苦如此何樂之有每有詔令優恤徒空文耳恐聖主深宮九重皆未知之也上命復其家

司馬光曰甚矣唐德宗之難寤也自古所患者人君之澤壅而不下達小人之情鬱而不上通故勤

復其家亦德宗虛懷處

恤於上而民不懷愁怨於下而君不知至於離畔危亡凡以此也德宗幸以游獵得至民家值光奇敢言而知民疾苦固當按有司廢格詔書橫增賦歛溢匿公財之罪然後洗心易慮一新其政屏浮飾廢虛文謹號令篤誠信矜困窮伸冤滯則太平之業可致矣釋此不爲乃復光奇之家夫以四海之廣兆民之衆安得人人自言於天子而戶戶復其徭賦乎。

臣按趙光奇之言雖唐世之弊政求之今日殆有甚焉常賦之誅求粟則展轉增入有輸一石

而其費至三石者帛則阻却換易有輸一縑而其費逾三縑者和糴之强取有償其半直者有不給一錢者其他橫斂苛征色目如蝟又不與焉是以民雖遭值豐穰曾無伸眉之樂況艱儉乎貪官黠胥交爲蒙蔽監司牧守不獲盡聞況

朝廷乎民日以瘠吏日以肥而國家元氣日以朘削長此不已將有瓦解土傾之憂惟

仁聖深念焉

後唐明宗問宰相馮道今歲雖豐百姓贍足否道曰

農家歲凶則死於流殍歲豐則傷於穀賤豐凶皆病者惟農家爲然臣記進士聶夷中詩云二月賣新絲五月糶新穀醫得眼下瘡剜却心頭肉語雖鄙俚曲盡田家之情狀農於四民之中最爲勤苦人主不可以不知也上悅命左右錄其詩常諷誦焉

臣按聶夷中之詩卽臣前所謂豫指收斂之入以爲稱貸之資是也新絲之出以五月而貸以二月新穀之登以八月而貸以五月此猶當時之俗也若今則往往貸於半歲之前矣千錢之物僅得數百或不及其半焉富家鉅室乘時射

利田夫蠶婦低首仰給否則亡以爲耕桑之本。迨繭浴於湯禾登於場而責逋者狎至解絲量穀亟以授之回顧其家索無所有矣償或未足則又轉息爲本因本生息昔之千錢俄而兼倍昔之數百俄而千錢於是一歲所貸至累載不能償已之所貸子孫不能償牒訟一投追吏奄至伐桑撤屋賣妻鬻子有不容惜者矣且人情所望者一稔而歲稔（歲凶何獨不然）則督逋尤峻竭其廬之入。不容錙銖龠合留故昔人謂豐年不如凶年其言似於過激然實農家之眞其利病也嗚呼民生

世宗之勤農也其多可傳

之艱一至於此。上之人柰何眡爲當然而弗之恤哉。唐明宗五季之君。而儉約愛民。所謂彼善於此者。因馮道之對。誦夷中之詩。惻然若有所感。然未聞當時有所施行。則亦徒言而已爾。故孟子曰。雖有仁心仁聞。而民不被其澤者。不行先王之政也。

仁聖之君。可不念哉。

周世宗留意農事。常刻木爲農夫蠶婦。寘於殿庭。

臣按。世宗於五季爲賢君。故能念耕蠶之苦。刻木爲人。朝夕睹之。以毋忘細民之艱。其視沉溺

於富貴之欲。一念未嘗及田里者。相去遠矣。臣
是以有取焉。
以上論田里休戚之實

戊午八月廿九日一見加朱

聰常史

大學衍義卷之二十七

大學衍義

廿八之卅二

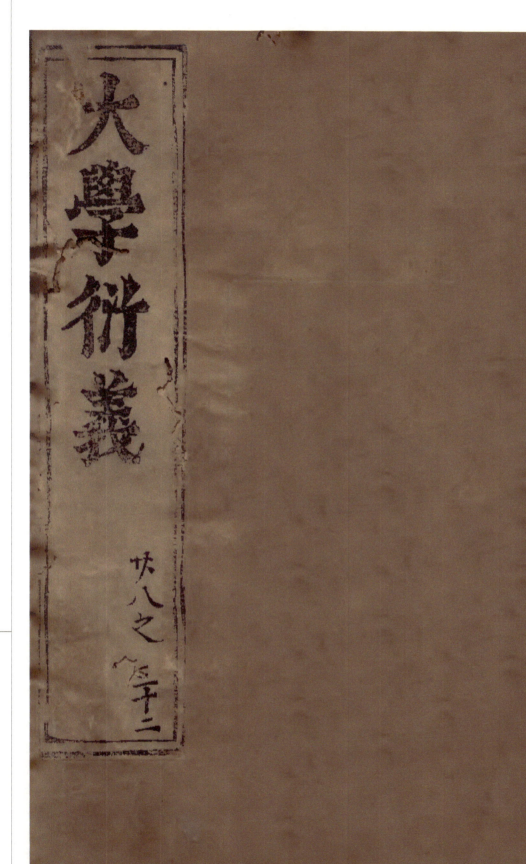

◎

大學衍義卷之二十八

宋　學士　真德秀　撰

明　史官　陳仁錫　評閱

誠意正心之要一

崇敬畏

修己之敬

堯典曰欽明文思。欽，敬也。又曰允恭克讓。允，信也。恭，敬也。克，能也。讓，遜也。

舜典曰溫恭允塞。溫恭者，和粹而恭敬也。塞，實也。

禹貢曰祗台德先，祗，敬也。台，我也。言敬德為天下先。不距朕行。距，違也。

詩商頌曰湯降不遲（謂應期而生不後也）聖敬日躋（躋進也升也）

大雅曰穆穆文王（穆穆深遠之意）於緝熙敬止（於美也緝續也熙廣也止助辭）

臣按堯舜禹湯文武皆天縱之聖而詩書之叙其德必以敬爲首稱蓋敬者一心之主宰萬善之本原學者之所以學聖人之所以聖未有外乎此者聖人之敬純亦不已即天也君子之敬自强不息由人而天也聖人之敬安而行之然成湯之日躋文王之緝熙雖非用力亦若未嘗不用其力者蓋日躋者進進不已之意緝熙者

續續無窮之功。此湯文之所以聖益聖也。人主而欲師帝王。其可不用力於此乎。

曲禮。禮記首篇名 毋不敬。毋者禁止之辭 儼若思。儼端莊貌。人之坐思。貌必儼然 安定辭。辭言也 安民哉。

呂大臨曰。毋不敬者。正其心也。儼若思者。正其貌也。安定辭者。正其言也。三者正則無所往而不正。天下雖大。取之修身而無不足。故曰安民哉。

臣按。曲禮一篇。爲記禮之首。而毋不敬一言。爲曲禮之首。蓋敬者禮之綱領也。曰毋不敬者。謂身心內外。不可使有一毫之不敬也。其容貌必端嚴而若思。其言辭必安定而不遽。以此臨民。民其有不安者乎。此章凡四言。而修身治國之道畧備。其必聖賢之遺言與。

表記。禮記篇名君子莊敬日彊。安肆日偷。

臣按程頤之說。以爲常人之情。纔簡束則日就規矩。纔放肆則日就曠蕩。學者猶爾。況於人君處宮闈之邃。極貴富之奉。儻非以莊敬自持。凜然肅然。如對神明。如臨師保。其不流於放蕩者幾希。彊與偷。主心志而言。莊敬則志立而日彊。安肆則志惰而日偷。彊則毅然以進德修業自任視天下之善無不可爲者雖天行之健亦思企及一或偷焉則視蔭苟安惟知燕嬉虞樂而已趙武晉卿爾一有偷心事功遂以不競况人君乎臣因推衍其說以爲溺心安肆者之戒

子路問君子子曰脩己以敬曰如斯而已乎曰脩己以安人曰如斯而已乎曰脩己以安百姓脩己以安百姓堯舜其猶病諸

臣按孔子答子路之問其言雖甚約其理則極至而無餘蓋自堯舜以來世相傳授惟此一敬臣旣刻之於前矣至若禹之征苗曰昏逮不恭

侮慢自賢啓之伐有扈曰威侮五行怠棄三正武王之數紂曰狎侮五常荒怠弗敬謂巳有天命謂敬不足行夫堯舜禹湯文武天下之大聖也有扈商辛天下之大惡也而其所以爲大聖大惡之分者敬與弗敬而已君子之爲君子其能外是乎子路未知而復問故孔子再以安人安百姓者言之蓋脩巳非求於安百姓而百姓自安理之必然無可疑者然此修身極至之驗也故雖堯舜猶病其難曾謂子路而易之乎異時子思作中庸亦曰君子篤恭而天下平程頤

推明之曰上下一於恭敬則天地自位萬物自育氣無不和而四靈畢至聰明睿知皆由此出

惟

聖明之主深體而力行之則天下幸甚以上論修己之敬臣按自漢以來世之諸儒未有深知敬之爲義者惟程頤有曰主一之謂敬無適之謂一又曰整齊嚴肅則心自一而朱熹又爲之箴曰正其衣冠尊其瞻視潛心以居對越上帝足容必重手容必恭擇地而蹈折旋蟻封出門如賓承事如祭戰戰兢兢罔敢或易守口如瓶防

意如城洞洞屬屬罔敢或輕不東以西不南以北當事而存靡它其適此四言釋無適之意不貳以二不參以三惟心惟一萬變是監此釋主一之義從事於斯是曰持敬動靜弗違表裏交正此二言一心之綱領須臾有間私欲萬端不火而熱不冰而寒毫釐有差天壤易處三綱既淪九疇亦斁九疇謂洪範九疇也斁敗也烏乎小子念哉敬哉墨卿司戒敢告靈臺敬之爲義至是無復餘蘊有志於聖學者宜熟復之

崇敬畏

事天之敬

後世乃付之星官術士

舜典在璿璣玉衡以齊七政（在察也璿珠也七政日月五星也）

臣按璣衡正天文之器今渾天儀是也舜方歷試之時納于大麓（納入也大麓大山林麓也）而烈風雷雨弗迷矣（不迷錯也）使之主祭而百神享之矣逮茲即位猶懼已之未當天心焉察璿璣以揆日月五星之運其循軌邪是天之與我也其失度邪是天之警我也正如人子之事親候伺顏色惟恐一毫少咈於親心此大舜事天之敬也

皐陶謨天叙有典勑我五典五惇哉（叙次也勑正也惇厚也）天秩有禮自我五禮有庸哉（秩品秩也庸常也）同寅協恭和衷

哉。寅，敬也。協，合也。衷，心也。天命有德，五服五章哉；天討有罪，五刑五用哉！政事懋哉懋哉！懋，勉也。天聰明自我民聰明，天明畏自我民明威，達于上下，上謂天，下謂民。敬哉有土。

臣按：帝王居天之位，其所職無非天之事者。君臣父子夫婦長幼朋友之典，其別有五，天之所叙也，待我而厚；君臣父子夫婦長幼朋友之禮，其別亦有五，天之所秩也，自我而不失其常。其可不敬乎？寅與恭皆敬也，君臣一心，恪奉天職，是謂之和衷。有德者，天之所命也，五服之章則在我；有罪者，天之所討也，五刑之用則在我。其

看德眞切是
隨處體認也
步步回頭

可不敬乎。大而命討之政。小而命討之事。勉之又勉。是亦敬也。天之聰明在民。天之明威在民。民心所在。即天心也。天人一理。通達無間。有民社者。其可不敬乎。此皐陶之告舜者如此。隆古君臣之間。講論政治。無一事不本於天。無一事不主於敬。眞後王所當法與。

伊尹作太甲曰。先王顧諟天之明命。先王。謂湯也。顧。謂常目在之。諟以承上下神祇。社稷宗廟。罔不祗肅。祗。敬也。肅。天亦敬也。監厥德。用集大命。撫綏萬方。

臣按。此太甲不惠于阿衡之時也。惠。順也。阿衡。伊尹之號。

故尹作書以湯之所以敬天者告之夫天之明命至可畏也常人視之邈乎幽顯之隔聖人視之瞭然心目之間故當瞻顧而不敢斯須間斷惟恐已之所爲少咈天意則明命去之推此一心於天神地示社稷宗廟無不祗肅天視成湯之德如此故大命集焉俾任撫安萬方之責湯惟敬天天亦眷湯曰顧曰監可見天人之交至近而非遠也嗚呼爲人主者奈何弗敬

伊尹申誥于王曰嗚呼惟天無親克敬惟親民罔常懷懷于有仁鬼神無常享享于克誠天位艱哉德惟

治否德亂與治同道罔不興與亂同事罔不亡終始慎厥與惟明明后先王惟時懋敬厥德克配上帝（配合也）今王嗣有令緒尚監茲哉（監視也）

臣按此太甲悔過思庸之後也伊尹猶恐其持守之未篤則儆之以三言使知天道之無私親惟敬則親民心之無常懷惟仁則懷鬼神之無常享惟誠則享而終之以敬德之一言蓋敬則仁不敬則私欲賊之而不仁矣敬則誠不敬則私欲雜之而不誠矣曰誠曰仁何所用力惟敬而已夫有德則必治與治同道則必興成湯之

敬德。至與天合。太甲其可不與之同道乎。能與湯合。則亦與天合矣。斯言也。豈獨爲太甲謀。萬世人主皆當取法。

伊尹作咸有一德。曰。嗚呼。天難諶。諶。信也 命靡常。常厥德。保厥位。厥德靡常。九有以亡。又曰。惟吉凶不僭在人。僭。差也 惟天降災祥在德。

臣按此伊尹將告歸之時也。太甲處仁遷義。伊尹之責塞矣。猶慮其德之未一。故以斯言儆之。曰天難諶者。謂今日而善則福之。明日而淫則禍之。難必信也。曰命靡常者。有德則歸于我。無德則去而之人無定在也吉與祥爲類德之吉則祥應之凶與災爲類德之凶則災從之天雖難信然常厥德者必保厥位乃所以爲可信也命雖靡常然有吉德者必降祥乃所以爲有常也

召誥成公命召公相宅因作誥嗚呼皇天上帝改厥元子茲大國殷之命紂殷王長子元長也惟王受命無疆惟休休美亦無疆惟恤恤憂也嗚呼曷其奈何弗敬又曰天亦哀于四方民其眷命用懋王其疾敬德疾速也又曰王敬作所不可不敬德所居處也我不可不監于有夏監視也亦不可不

熟玩四我不敢知惕哉惕哉

可知者以此

監于有殷。我不敢知曰有夏服天命惟有歷年。我不敢知曰不其延。惟不敬厥德乃早墜厥命。我不敢知曰有殷受天命惟有歷年。我不敢知曰不其延。惟不敬厥德乃早墜厥命。又曰嗚呼若生子罔不在厥初生自貽哲命。哲，智也。今天其命哲命吉凶命歷年。知今我初服。宅新邑。肆惟王其疾敬德。王其德之用。祈天永命。祈，求也。永，長也。又曰上下勤恤其曰我受天命丕若有夏歷年式勿替有殷歷年。替，廢也。欲王以小民受天永命。

臣按召公一誥丁寧反復老臣事少主惓惓之

心也。始則謂皇天上帝改厥元子大邦殷之命。蓋紂元子也。殷大邦也。其命若未易改。而天遽改之。豈不可畏也哉。次言今王受命。雖有無窮之美。亦有無窮之憂。蓋以天命之靡常。而去留之難必。此其爲可憂也。既又舉夏商言之。謂其既服受天命矣。其歷年之永不永。我皆不敢知。所可知者。惟不敬厥德。迺早墜厥命。此則灼然不誣者也。既又以生子喻之。凡人之生子。其明智其壽考。皆定於初。講學則明。愛身則壽。今王受命之始。亦猶子之初生。況肇卜新大邑而居之是又一初也天之命以哲命以吉凶命以歷年皆自今日始其可不謹乎既又曰王惟德之用祈天永命夫天命至公不可以求而得也今曰祈天永命何哉蓋一於用德乃不祈之祈也然天命至重必君臣同德然後可保故曰上下勤恤恤即所謂無疆之恤也上下一心勤而憂之則夏商之歷年庶乎其可冀矣末則欲王以小民受天永命命在天於小民乎何與蓋天無心以民爲心者也一篇之中言敬者凡七八曰嗚呼曷其柰何不敬曰王敬作所曰不可不敬

德。曰王其疾敬德。言之諄。望之切。臣故曰。此老臣惓惓之心也。異時成王饗百年之壽。而周家卜世過於夏商。然後知召公之言。眞有補於周室。

文王。大雅篇名 文王受命作周也。其一章曰。文王在上。於昭於天。周雖舊邦。其命維新。有周不顯。不顯顯也 帝命不時。不時時也 文王陟降。陟升也降下也 在帝左右。又曰穆穆文王。於緝熙敬止。假哉天命。假大也 有商孫子。商之孫子。其麗不億。麗數也十萬爲億 上帝既命。侯于周服。侯服于周。天命靡常。又曰。無念爾祖。無念念也 聿修厥德。聿述也 永言配命。配合也。自求多福。又曰殷之未喪師。師衆也。克配上帝。宜鑒于殷。駿命不易。駿大也。又曰命之不易。無遏爾躬。遏止也。宣昭義問。有虞殷自天。虞度也。上天之載。載事也。無聲無臭。儀刑文王。儀法也。刑亦法也。萬邦作孚。孚信也。

臣按此詩周公所作。舉文王之事以戒成王也。首章言文王在上。其德之昭明。上徹于天。與之爲一。周之有邦。自后稷公劉以來。緜歷千載。可謂舊矣。惟文王與天同德。故天錫以維新之命焉。有周不顯。蓋言其甚顯也。帝命不時。蓋言其甚時也。詩人之辭類如此。德既顯矣。命既時矣。

然文王一陟一降。常若在上帝之左右。而未嘗少間。此所謂之德之純也。四章言穆穆哉文王緝熙其敬純亦不已。故大命集焉。夫以商之孫子。其數不止於億。然天命既歸于周。商之孫子。亦皆侯服于周。周固嘗臣商矣。今乃反臣於周。可見天命之靡常也。故五章之首申言之。又呼王之藎臣而告之曰。得無念爾祖文王之德乎。藎臣者。忠誠篤至之臣。周公言之。欲其申戒于王也。六章又言欲念文王。惟在述修其德而已。能修德。則可以長配天命。而福祿自來矣。孟子曰禍福無不自己求之者。商自求禍，周自求福。天何容心其間哉。方有商未失衆之時，蓋嘗克配上帝矣。今其子孫乃至於是，宜以爲監而自省焉。則知天命之難保矣。未章又謂命之難保，毋使僅及爾躬而止。周至成王再世，爾周公已憂其命之不延，而欲成王布昭善問，而度商之所以失天命者，蓋博詢衆言，然後知商之所以亡。知商之所以亡，則知周之所以興矣。讀毋遏爾躬之一語，至今猶使人凜然震懼。況周公親言之，而成王親聽之乎。亦猶堯之告舜曰，天祿

法天法文王總是中庸至理

永終也以後世言之必且謂此不祥之語而古者君臣更相告戒不諱危亡如此斯其所以不危亡也篇將終乃斷之曰凡欲配命者當法天然天無聲臭可求惟法文王則合乎天而萬邦所以信服也文王之詩七章蓋周公親筆後之王者欲保天命所宜刻之屏幛書之簡牘晝讀而夜思之則將若上帝之實臨其上雖欲斯須之自放有不可得惟

聖明其深念之

大明文王有明德故天復去聲命武王也明明在下赫

難諶難忱方是畏天實際

赫在上。天難忱斯也。忱，信。不易惟王。天位殷適，紂，殷之正適。使不挾四方。挾，謂挾而有之。其二章曰：維此文王，小心翼翼，翼翼，恭順貌。昭事上帝，聿懷多福。懷，來也。厥德不回，回，違也。以受方國。其末章曰：上帝臨女，無貳爾心。

臣按：明明在下，指君德而言；赫赫在上，指天命而言。君有明明之德，則天有赫赫之命矣。觀赫赫在上之言，則其威明可畏，曾不違咫尺之間，此天之所以爲難忱，而爲君之所以不易也。以商紂言之，所居之尊則天位，所傳之正則殷適，一旦失道，雖欲挾四方而有之，有所不能。此與召誥皇天改厥元子之命同意皆所以深警成王也既言商紂之失又言文王之得謂其小心恭順以昭事上帝遂能懷來百福由其德不違於天故天使膺受四方之國此又所以深勉成王也上帝臨女無貳爾心此言武王以諸侯伐紂衆寡不侔所恃者上帝之臨而已汝者武王自謂也商紂無道天命討之其可以强弱貳其心乎此二言也雖爲伐商而發然玩其辭則若上帝實臨其上人主而能時時誦味則非心邪念自當潛弭於冥冥之中矣豈小補哉

敬之。周頌篇名。羣臣進戒嗣王也。嗣王成王。敬之敬之。天維顯思。顯明也。思語辭。命不易哉。無曰高高在上。陟降厥士。士與事同。日監在兹。

臣按成王即政之初。羣臣進戒。首以敬天爲言。葢帝王所當尊者莫如天。所當從事者莫如敬。故重言以求其聽。夫天道甚明。不可欺也。天命惟難。不易保也。昧者徒曰高高在上。不與人接。而不知人君一升一降於事爲之間。天之監視未嘗一日不在此也。豈可忽哉。當時羣臣之學。以格心爲主。故其言純粹如此。人主宜深味之。

我將祀文王於明堂也伊嘏文王既右享之我其夙夜畏天之威于時保之

臣按此即孝經所謂宗祀文王於明堂以配上帝者也此頌作於成康之時古人謂受福曰嘏夫既受福於文王而享吾之祭矣然豈敢自滿哉必也夙興夜寐亹亹怵惕畏天之威於是以保其天命爾後世人主一行郊祀明堂之禮類哆然有矜大之心如漢武諸詔是也其視我將之頌可愧多矣

板變大雅篇名凡伯刺厲王也厲王周無道之君凡伯其臣也其卒章曰

敬天之怒。無敢戲豫。敬天之渝。無敢馳驅。（渝。變也。）昊天曰明。及爾出王。（爾。指王而言。出王。出入往來也。）昊天曰旦。（旦。亦明也。）及爾游衍。（衍。猶逸也。）

臣按。迅雷烈風之屬。天之怒也。日食星變之類。天之渝也。人君爲天所子。其事天如事親。然親之容色少有不懌。人子當痛自咎責。敢有輕忽傲慢之意邪。天之變異有少失常。人君當深自戒懼。敢爲戲豫馳驅之失耶。易之洊雷震曰。君子以恐懼修省。孔子於迅雷風烈必變。而記禮者亦曰。若有疾雷迅風甚雨。必變。雖夜必興。衣

警於常然
後可以察
變

服冠而坐。古之人主於日食星變之類，必減膳徹樂，或責己求言。凡皆所以示敬也。然天道昭明，凡人君出入往來之頃，優游暇逸之時，天之監臨無乎不在，又不待變異失常，然後當知警也。吁！此文王在帝左右之事，而凡伯迺以刺厲王，古之忠臣不敢謂君不能類如此，惜厲王之終不悟也。

以上論事天之敬

大學衍義卷之二十八

大學衍義卷之二十九

宋　學士　眞德秀　彙輯

明　史官　陳仁錫　評閱

誠意正心之要一

崇敬畏

遇災之敬

帝曰。來禹。降水儆予。降。亦作洚。洪水也。

臣按。孟子曰。水逆行。謂之洚水。其災雖起堯時。至舜攝位。害猶未息。故舜自謂此天之所以儆我也。聖帝明王之畏天省己類如此。其後成湯憂旱亦以六事自責曰政不節與使人疾與何以不雨至此極也宮室崇與女謁盛與何以不雨至此極也苞苴行與讒夫昌與何以不雨至此極也夫以成湯之聖安得有此而反躬自責若是其至湯之心卽舜之心也至漢武帝時公孫弘對策乃曰堯遭洪水使禹治之未聞禹之有水也若湯之旱則桀之餘烈也夫舜以水自儆而弘歸之於堯湯以旱自責而弘歸之於桀姦諛之情所以惑誤其君使傲忽天戒者凡皆若此不可以不察

伊陟相太戊。太戊，商中宗也。亳有祥。亳，國都也。祥，異也。桑穀共生于朝。伊陟，伊尹之子。伊陟贊于巫咸，作咸乂四篇。

臣按：咸乂四篇今亡，而史記叙之曰：帝太戊立，伊陟爲相，桑穀生于朝，一暮大拱。太戊懼，問伊陟。伊陟曰：臣聞妖不勝德，帝之政其有闕與？帝其脩德。太戊從之，而祥桑枯死。夫太戊遇災而聽忠言，修闕政，亟以銷復，故周公稱之曰：昔在殷王中宗，嚴恭寅畏，天命自度，謂其能盡敬畏之誠，而以天命律已也，可謂知中宗之心矣。

高宗祭成湯，有飛雉升鼎耳而雊。雊，鳴也。祖已，賢臣。曰：惟

格心之非甚難下手從此悟入

先格王正厥事。乃訓于王曰。惟天降下民。典厥義。典。常也。義。理也。降年有永有不永。永。長也 非天夭民。民中絕命。民有不若德。不聽罪。天既孚命正厥德。孚。信也 乃曰其如台。台。我也 嗚呼王司敬民。司。主也 罔非天胤。罔。無也 胤。嗣也 典祀無豐于昵。豐。厚也。昵。親也。

先儒蘇軾曰。高宗肜祭之日。野雉鳴于鼎耳。此爲神告以宗廟祭祀之失審矣。故祖己謂當先格王心之非。蓋武丁不專脩人事。數祭以媚神。而祭又豐於親廟。敬父薄祖。此失之大者。故祖己先格而正之。夫天之監人有常理。而降年有永有不永者。

非天夭人人或中道自絕於天也人有不順德不服罪者天未即誅絕而以孽祥爲符信以正其德人乃曰是孽祥其如我何則天必誅絕之矣今王專主於敬民而已數祭無益夫先王莫非天嗣者常祀而豐于昵其可乎或者謂天災不可以象類求夫書曰越有鳴雉足矣而又記其鳴於耳非以耳爲祥乎人君於天下無所畏惟天可以儆之今曰天災不可以象類求我自視無過則已矣爲國之害莫大於此

臣按軾所謂以象類求者謂洪範五行之說也

鳴不於它而於鼎耳。盖鼎者祭祀之器，耳主聽，聽不聰則災孽生焉。漢儒之論災異，大抵若此。

成帝時，博士行大射禮，有飛雉集于庭，登堂而雊，又集太常、宗正、丞相、御史、車騎府，又集未央宮承明殿。御史大夫王音進言："天地之氣以類相應，譴告人主，甚微而著。雉者聽察，先聞雷聲，故經載高宗雊雉之異，以明轉禍爲福之驗。今以博士行禮之日，大衆聚會，飛集于庭，歷階登堂，歷三公之府，與宗廟骨肉之官，然後入宮。其宿留告曉人具備，雖人道相戒，何以過是？"後帝使詔音曰：聞捕得雉，毛羽頗摧折，類拘執者。得無人爲之？音復對曰：陛下安得此亡國之語！不知誰主爲佞諂之計，誣亂聖聽如此。陛下即位十五年，繼嗣不立，日日駕車而出，失行流聞，海內傳之，甚於京師。皇天數見災異，欲人變更，尚不能感動陛下，臣子何望？宜謀於賢哲，克己復禮，以求天意，則繼嗣尚可立，災異尚可銷也。漢去三代未遠，一雉之異而君臣相儆如此，故附著焉。

雲漢，仍叔美宣王也。仍叔，周大夫。遇烖而懼，側身脩行，欲銷去之。百姓見憂。故作是詩也。其一章曰。倬彼雲漢。昭回于天。倬。明大也。雲漢。天河。昭。光也。回。轉也。王曰。於乎何辜今之人。天降喪亂。饑饉薦臻。薦。重也。臻。至也。靡神不舉。靡愛斯牲。圭璧既卒。卒。盡也。寧莫我聽。其二章曰。旱既太甚。蘊隆蟲蟲。蘊。積也。隆。盛也。蟲蟲。旱氣也。不殄禋祀。殄。絕也。自郊徂宮。郊。祀天也。徂。往也。宮。廟也。上下奠瘞。上。祭天。下。祭地。奠其禮。瘞其物。靡神不宗。宗。謂尊事之。后稷不克。克。能也。上帝不臨。臨。鑒臨也。耗斁下土。斁。敗也。寧下我躬。三章曰。旱既太甚。則不可推。不可推。推知。兢兢業業。兢兢。恐也。業業。危也。如霆如雷。周餘黎民。靡有孑遺。孑。獨立貌。四章曰。旱既太甚。則不可沮。赫赫炎炎。云我無所。大命近止。大命。

民死生之命靡瞻靡顧。言無顧視之者羣公先正。則不我助。謂百辟卿士之從雩祀者父母先祖。胡寧忍予。五章曰。旱既太甚。滌滌山川。山枯川竭。如洗滌也旱魃為虐。魃。旱神如惔如焚。惔。燎之也我心憚暑。憚。畏憂心如熏。羣公先正。則不我聞。昊天上帝。寧俾我遯。

臣按此詩。蓋宣王憂旱責躬之詞。其首曰。雲漢爛然。雨未有兆。今之民何罪。而數罹饑饉之厄乎。神之能為雨者。無不禱矣。牲牷不敢愛。圭璧不敢惜。而神不我聽。何也。二章則言旱已太甚。暑威爞然。自郊至廟。所以祭享者無不至矣。莫親於后稷而不能救莫尊於上帝而不見臨與其耗斁下土民受其害寧使我躬當之三章又言致旱之由不可推知兢畏危懼殆如雷霆之在上周自厲王板蕩之餘民之僅存者無幾今又重之以旱將無復有孑遺者矣四章則言旱甚而不可止我將無所自容民之大命死亡無日莫有顧視之者羣公先正之與祀者曾不我助而父母以及先祖亦何忍使予至此乎五章言旱之已甚雖山川亦爲槁竭使我心如焚灼羣公先正不我聽聞天既見譴寧使我遯而去

位以謝罪於天不可使民被其毒五章而下大略申復前意詳味其辭敬天憂民之心惻身脩行之實至今猶可想見此其所以爲中興之治與

正月（正音政）大夫刺幽王也其首章曰正月繁霜（正月夏之四月繁多也）我心憂傷民之訛言（訛偽也）亦孔之將（將大也）念我獨兮憂心京京（京京大也）哀我小心癙憂以痒（癙憂幽憂也痒痛也）

臣按正月純陽用事爲正陽之月天地長養之時而多霜焉其異大矣而民言爭爲訛僞其異

又大於繁霜也。曰訛言者何以是爲非。以非爲是。以忠爲佞。以佞爲忠。此所謂訛言也。訛言興則君子小人易位。而邪正混淆。所以致繁霜之災也。在位之君子爲之憂。爲之病。而王莫知焉其致禍敗也宜哉。

十月之交。大夫刺幽王也。其一章曰。十月之交十月夏正建亥之月朔日辛卯。日有食之。亦孔之醜。醜。惡也彼月而微此日而微。今此下民。亦孔之哀。二章曰。日月告凶。不用其行。四國無政。不用其良。彼月而食。則維其常。此日而食。于何不臧。臧。善也三章曰。爗爗震電。爗爗。電光貌。震。雷也不寧不令。寧安也。令善也。百川沸騰。山冢崒崩。冢頂也。崒崔嵬之狀。高岸爲谷。深谷爲陵。哀今之人。胡憯莫懲。憯懆也。皇父卿士。皇父字也。番爲司徒。番氏也。家伯爲宰。伯字也。仲允膳夫。仲允字也。聚子內史。聚氏也。蹶維趣馬。蹶氏也。楀維師氏。楀氏也。卿士以下皆官名。豔妻煽方處。豔妻謂褒姒也。煽熾也。處居也。六章曰。黽勉從事。不敢告勞。無罪無辜。讒口囂囂。下民之孽。匪降自天。噂沓背憎。職競由人。

臣按四月繁霜。幽王不知戒也。於是十月之朔日有食之。考諸先儒之論。以爲日月之食雖有常度。然王者脩德行政。用賢去姦。能使陽盛足以勝陰。陰衰不能侵陽。則日月之行。雖或當食而不食焉。若國無政。不用善。臣子背君父。妾婦乘其夫。小人陵君子。夷狄侵中國。則陰盛陽微當食必食。雖曰行有常度。而實爲非常之變矣。

正陽之月。日有食之。古之深忌也。十月純陰而食。詩人亦刺之者。蓋純陽而食。陽弱之甚。純陰而食。陰壯之甚。故均於爲異焉。亦孔之醜。言其甚可醜也。月有虧微。理之正也。日有虧微。豈不甚可哀乎。原日月之告凶。不用其行者。以四國無政。不用其良。故也。月食。陽勝陰也。日食。陰勝陽也。陽尊陰卑。陰亢陽而不勝。乃其常也。陰勝陽而揜之。可以爲常乎。曰于何不臧言何由而有此不善之證也。雷發聲于春。收聲于秋。今旣十月矣。而雷電交作。山傾川漏。陵谷改易。高深易位。此爲何景。而幽王曾莫之懲。刺王而曰今之人者。不欲斥言也。前云不用其良。謂善人失職也。善人失職。由小人之用事也。小人用事于外者。由婦人主之於中也。故至此歷叙其人焉卿士司徒而下。皆王朝貴近之官。而皇父之屬分據其位。所以然者。有褒姒爲之地也。女子小人內外交締此災異所以併至也善人君子遭値此時黽勉從事未嘗敢以勞苦自言而無罪無辜橫罹讒毀以此知山摧川沸之變非天爲之實噂沓背憎之人爲之也蓋上天仁愛非有意於降災乃人自取之耳可不戒哉

齊有彗星（彗星除舊布新之象）齊侯使禳之（景公也）晏子曰（晏子晏嬰也）無益也祇取誣焉天道不諂不貳其命若之何禳之且天之有彗也以除穢也（彗之狀如帚故曰除穢）君無穢德又何禳焉若德之穢禳之何損公說乃止

臣按晏子於是知天道矣古之應天者惟有敬

德而已。禱禳非所恃也。後世神怪之說興。以爲災異可以禳而去。於是人主不復有畏天之心。此爲害之大者也。

宋景公時。熒惑守心。熒惑。火星也。心。東方宿也。心。宋之分野也。憂之。司星子韋曰。可移於相。公曰。相吾之股肱。曰。可移於民。公曰。君者待民。曰。可移於歲。公曰。歲飢民困。吾誰爲君。子韋曰。天高聽卑。君有君人之言三。熒惑宜有動。於是候之。果徙三度

臣按易曰。言行君子所以動天地也。景公三言之善。而法星爲徙三度。天相應其捷如此。可不

畏哉

漢董仲舒告武帝曰天人相與之際甚可畏也國家將有失道之敗天廼先出災害以譴告之不知自省又出恠異以警懼之尚不知變而傷敗廼至以此見天心之仁愛人君而欲止其亂也自非大無道之世天盡欲扶持而全安之事在彊勉而已

仲舒又言人之所爲其美惡之極乃與天地流通而往來相應

元帝時日食地震匡衡上疏曰天人之際精祲有以相盪善惡有以相推事作於下者象動於上陰陽之

史重編年正卽人事以觀天變一部春秋但是此意

理。各應其感。陰變則靜者動。謂地震也陽蔽則明者晻。謂日食也水旱之災隨類而至。

哀帝元壽元年。日有蝕之。孔光對曰。臣聞師曰。天右與王者。故災異數見以譴告之。欲其改更。若不畏懼有以塞除。而輕忽簡誣。則凶罰加焉。其至可必。詩曰。敬之敬之。天維顯思。命不易哉。又曰。畏天之威。于時保之。皆謂不懼者凶。懼之則吉也。書曰。天棐諶辭。言有誠道。天輔之也。明承順天道。在於崇德博施。加精致誠。孳孳而已。俗之祈禳小數。終無益於應天。較然甚明。無可疑惑。

惜此論尚未暢如息夫躬者即移其欲斬一郡守之劍以斬一息夫亦足相償也兵莫憯于意也

是年息夫躬建言災異數見恐必有非常之變可遣大將軍行邊兵敕武備斬一郡守以立威應變上然之以問丞相王嘉嘉對曰動民以行不以言應天以實不以文下民細微猶不可詐況於上天神明而可欺哉天之見異所以敕戒人君欲令覺悟反正推誠行善民心說而天意解矣謀動干戈設爲權變非應天之道也

臣按漢儒之言天者衆矣惟仲舒最爲精粹其曰人之所爲美惡之極與天地流通往來相應者尤古今之格言也匡衡以下其言亦足以警

極字没得好

世主故劉其略著于篇云。

以上論遇災之敬

崇敬畏

臨民之敬

五子之歌夏書篇名詳見後其一曰皇祖有訓皇祖大禹也民可近不可下民惟邦本本固邦寧予視天下愚夫愚婦一能勝予一人三失怨豈在明不見是圖予臨兆民懍乎若朽索之馭六馬爲人上者柰何不敬。

臣按君之與民以分言之則若霄壤之不侔以情言之則若心體之相資故可親而近之不可

卑而遠之也國之有民猶木之有根根揺則木拔民離則國危匹夫匹婦若無所知然離而聽之則愚合而聽之則聖故大禹自謂天下之愚夫愚婦有能勝我者葢衆多之智慮雖聖人有不能加焉敢以巳之聖爲可恃而民之愚爲可忽乎三失謂失之衆也一失猶不可况至於三凡民情之怨忿其端甚微其極至於不可禦圖於未形則易捄於巳著則難六馬者駕車之馬而六轡所以馭之車賴馬馬賴轡猶君之賴民也朽索馭馬必危非道臨民必離故大禹之心

常懍乎其不自保也。然則爲人上者奈何不敬。後世之君以一人而肆於民上者。視大禹之訓宜知戒矣。

召誥。召公作以告成王嗚呼。有王雖小。元子哉。其丕能諴于小民今休。丕。大也。諴。和也。休。美也王不敢後。用顧畏于民碞。碞。險也

臣按成王幼冲在位。召公元老。恐其未知民之可畏也。則歎息而言王之年雖小而任則重若能大和于小民則善矣。蓋小民雖甚微而至爲可畏。王其毋或敢後。用顧畏于民之碞險可也。

夫若民何其險邪。曰朽索馭馬。前聖言之。水能覆舟。後賢喻之。天下之險孰逾乎此。召公此篇言畏天必及民。是畏民當如畏天也。周公作康誥亦曰迪畏天顯小民。多士曰罔顧于天顯民祗。周召之啟告其君者。如出一口。人主其可不深念哉。

孟子曰民爲貴。社稷次之。君爲輕

臣按君者。神人之主。君爲貴。社稷次之。而民又次之。乃其常也。而孟子顧反言之何哉。戰國之時。視民如草芥。不知廢興存亡皆此焉出。故其

言若此使知民之貴甚於社稷其敢以君之貴而嫚其民乎

以上論臨民之敬

崇敬畏

治事之敬

堯典乃命羲和羲氏和氏掌天地四時之官欽若昊天欽敬也若順也元氣廣大謂之昊天曆象日月星辰敬授人時人時謂四時農功之時

臣按奉天時以興農功事之至重故命羲和敬以授民敬之見於經者始此其分命曰寅賓出日曰寅餞納日蓋於日之出入必敬候之也至

於咨鯀以治水曰往欽哉釐降二女亦曰欽哉此堯之敬見於事者也其於卹刑於敷教於典禮於咨牧不曰欽則曰寅不曰寅則曰敬此舜之敬見於事者也天下萬事莫不本之一心敬則立慢則隳雖至細微亦不可忽故堯舜之敬不獨脩身爲然至於應事亦莫不然後世人主旣鮮知以敬治身而臨事尤多輕忽此禍敗所由基也臣故摭二典所記以爲後王之法云

以上論治事之敬

崇敬畏

操存省察之功

詩思齊之三章。文王詩雝雝在宮。雝雝與雍同，和也。肅肅在廟。肅肅，敬也。不顯亦臨，無射亦保。射，厭也。保，守也。

臣按此詩言文王之在宮中則雝雝然而和，在宗廟則肅肅然而敬，從容中道如此，然持守之功未嘗斯須廢也。故其所處雖非顯明之地，常若天地神明之在其上也，父母師保之在其前也。雖未嘗有厭倦之心，而嚴於自保，常恐燕安怠惰之私萌於中，邪僻媟易之氣設於體也。斯其所以爲純亦不已與

乾道剛健中正純粹精正是此種學問故乾六龍亦多未純而誦文王之德之純者亦未易輕許也

抑之五章曰。視爾友君子。輯柔爾顏。輯，和也。不遐有愆。遐，遠也。相在爾室。相，視也。尚不媿于屋漏。屋漏者，室之西北隅也。無曰不顯。莫予云覯。覯，見也。云，語辭。神之格思。格，至也。思，語辭。不可度思。度，測也。矧可射思。射音亦，厭也。

臣按此衛武公自警之詩也。人之常情，祇敬於羣居者易，兢畏於獨處者難。況人君之尊，臨朝廷之上，接對士大夫，儼如朋友，則和柔顏色，防遠過失，雖庸君猶或知勉。至於宮庭屋漏之中，蜵蜎蠖濩之地，無法家拂士之在側，有近習褻衘之旁環，而能凜然自持，不媿屋漏者，雖明主猶或難之故武公自謂毋曰此非顯明之地而莫予見也當知鬼神之妙無物不體其至於是有不可得而度者況可有厭斁之意乎子思作中庸推明其說曰微之顯誠之不可揜也嗚呼武公其聖賢之徒與

中庸道也者不可須臾離也可離非道也是故君子戒慎乎其所不睹恐懼乎其所不聞莫見乎隱莫顯乎微故君子慎其獨也

臣按朱熹之説道者日用事物當然之理皆性之德而具於心無物不有無時不然是以不可

須臾離也。若其可離，則爲外物而非道矣。是以君子之心常存敬畏，雖不見聞，亦不敢忽，所以存天理之本然，而不使離於須臾之頃也。隱，暗處也。微，細事也。獨者，人所不知而已所獨知之地也。幽暗之中，細微之事，跡雖未形而幾則已動，人雖不知而已獨知之，則是天下之事無有著見明顯而過於此者。是以君子既常戒懼，而於此尤不敢忽焉，所以遏人欲於將萌，而不使滋長於隱微之中，以至離道之遠也。臣觀自昔諸儒之釋此章者，皆以戒謹恐懼與慎獨云者通爲一事至熹乃析而二之蓋以爲不睹不聞者我之所不睹不聞也獨者人之所不睹不聞也其義不容不二又以見平常之時要切之處無所不用其謹則天理存而人欲泯是乃所謂致中和之功也

聖明之主熟玩而深體之則天地位萬物育其源實自此出可不勉哉

詩曰小雅正月之篇潛雖伏矣亦孔之昭孔甚也昭明也故君子內省不疚疚病也無惡於志猶言無愧於心君子所不可及者其惟人之所不見乎詩曰抑篇相在爾室尚不愧于屋漏

故君子不動而敬不言而信

臣按此亦前章愼獨之意故引詩以明雖潛深隱伏之地而其昭著章灼有不可揜者故君子內省不疚而無愧於心葢人心至靈毫髮之微少有自欺必有不能慊(音愜)於中者此所謂疚也此所謂惡也惟夫處幽如顯視獨如衆反之於已無所疚惡焉此君子之所以大過人而人之所不能及也又引詩謂處室之時當無媿於屋漏故君子靜而常敬嘿而常信不待動作語言而後見也存養之功至此非盛德其孰能之乎

樂記。君子曰。禮樂不可斯須去身。致樂以治心。則易直子諒之心油然生矣易。平易。直。正直。子。子愛。諒。信也。油然。新生好貌易直子諒之心。生則樂。樂則安。安則久。久則天。天則神。天則不言而信。神則不怒而威。致樂以治心者也。致禮以治躬則莊敬。莊敬則嚴威。中心斯須不和不樂。而鄙詐之心入之矣。外貌斯須不莊不敬。而易慢之心入之矣

臣按古之君子。以禮樂爲治身心之本。故斯須不可去之。致者。極其至之謂也。樂之音和平中正。故致此以治心。則易直子諒。油然而生。自不

能已生則樂善端之萌自然悅豫也樂則安樂之然後安也安則久久之然後能久也久則天渾然天成無所作爲也天則神變化無方不可度思也天雖何言人自信之以其不忒也神雖不怒人自畏之以其不測也生樂久安猶孟子所謂善信美大也至於天且神則大而化之矣禮以恭儉退遜爲本而有節文度數之詳故致此以治身則自然莊敬莊敬則自然嚴威夫禮樂一也然以禮治身至於嚴威而止不若樂之治心能至于天且神何也葢天者自然之謂治

身而至于嚴威則亦自然矣其效未嘗不同也但樂之於人能變化其氣質消融其查滓故禮以順之於外而樂以和之於中此表裏交養之功而養於中者實爲之主故聖門之教立之以禮而成則以樂記禮者推明其效亦若是其至也於是又言身心無主則邪慝易乘中心斯須而不和樂則鄙詐入之外貌斯須而不莊敬則嫚易入之善惡之相爲消長如水火然此盛則彼衰也鄙詐易嫚皆非本有而謂之心者和樂不存則鄙詐入而爲之主莊敬不立則易嫚入

而爲之主。夫既爲主於內。非心而何。猶汙泥非水也。撓而濁之。是亦水矣。此禮樂之所以不可斯須去身也。

君子姦聲亂色。不留聰明。淫樂慝禮（淫樂。如鄭衛淫哇之樂。慝禮。如委巷猥俗之禮。）不接心術。惰嫚邪僻之氣。不設於身體。使耳目鼻口心知（音智）百體。皆由順正以行其義

臣按君子之所以自養者無它。內外交致其功而已。故姦聲亂色。不留聰明者。所以養其外也。淫樂慝禮。不接心術者。所以養其內也。外無聲色之誘。則內亦正矣。內無淫慝之惑。則外亦正

矣惰嫚之氣自内出者也邪僻之氣自外入者也二者不得設於身體如是則外而耳目鼻口四肢百體内而心知皆由順正以行其義自養之功畢矣斯誼也夫人之所當知而於人主爲尤切惟

聖明留意焉則顔子四勿之功可以庶幾也

孟子曰牛山之木嘗美矣以其郊於大國也斧斤伐之可以爲美乎是其日夜之所息息生長也雨露之所潤非無萌蘖之生焉牛羊又從而牧之是以若彼濯濯也濯濯蕩然之貌人見其濯濯也以爲未嘗有材焉此豈山

之性也哉雖存乎人者豈無仁義之心哉其所以放其良心者亦猶斧斤之於木也旦旦而伐之可以爲美乎是其日夜之所息平旦之氣其好惡與人相近也者幾希則其旦晝之所爲有梏亡之矣（梏械也）梏之反覆（反覆猶展轉也）則其夜氣不足以存夜氣不足以存則其違禽獸不遠矣人見其禽獸也以爲未嘗有材焉是豈人之情也哉故曰苟得其養無物不長苟失其養無物不消孔子曰操則存舍則亡出入無時莫知其鄉惟心之謂與

朱熹曰牛山齊之東南山其木固嘗美矣以伐之

者衆。故失其美。然氣化流行。未嘗間斷。日夜之間
必有所生長。非無萌蘖也。而牛羊又從而牧之。是
以至於濯濯也。良心者。本然之善心。即所謂仁義
之心也。平旦之氣。謂未與物接之時。清明之氣也
好惡與人相近。言得人心之所同然也。人之良心
雖已放失。然其日夜之間。亦必有所生長。故平旦
未與物接。其氣清明之際。良心必猶有發見者。但
其發見至微。而旦晝所爲之不善。又已隨而梏亡
之。如山木既伐。猶有萌蘖。而牛羊又牧之也。晝之
所爲。既有以害其夜之所息。夜之所息。又不能勝

其晝之所爲是以展轉相害至於夜氣之生日以寖薄而不足以存其仁義之良心則平旦之氣亦不能清而好惡遂與人遠矣又曰孔子言心操之則在此舍之則失去其出入無定時亦無定處如此孟子引之以明心之神明不測得失之易而保守之難不可頃刻失其養學者當無時而不用力使神清氣定常如平旦之時則此心常存無適而非仁義矣程子曰心豈有出入亦以操舍而言耳操之之道敬以直內而已又曰人理義之心未嘗無唯持守之即在爾若於旦晝之間不至梏亡則

夜氣愈清，夜氣清則平旦未與物接之時，湛然虛明，氣象自可見矣。孟子發此夜氣之說，於學者極有力，宜熟玩而深省之也。

臣按：孟子之言，以旦晝爲主，而朱熹推衍其義，謂當無時而不用力，則旦也、晝也、夜也，皆兢業自持之時，其功益精密矣。臣不佞，又嘗推衍朱熹之說，爲夜氣之箴，有曰：盍觀夫冬之爲氣乎，木歸其根，蟄坯其封，凝然寂然，不見兆朕，而造化發育之妙，實胚胎乎其中。蓋闔者闢之基（自冬至以後爲闢，自夏至以後爲闔），貞者元之本（元於時爲春，貞於時爲冬），而艮

要深厚正雖須索存養心聖賢要人深厚學者只是淺海

所以爲物之始終。艮東北之卦夫一晝一夜者。三百六旬之積。故冬爲四時之夜。而夜乃一日之冬。天壤之間。羣物俱閴。窈乎如未判之鴻濛。維人之身。嚮晦宴息。亦當以造物而爲宗。必齋其心。必肅其躬。不敢弛然自放於牀第之上。使慢易非僻得以賊吾之衷。雖終日乾乾。靡容一息之間斷。而昏冥易忽之際。尤當致戒謹之功。葢安其身所以爲朝聽晝訪之地。而夜氣深厚。則仁義之心亦浩乎其不窮。本既立矣。而又致察於事物周旋之頃。敬義夾持。動靜交養。則人欲無

隙之可入天理皦乎其昭融臣謂物欲之害夜爲最甚故其說以夜爲本若異於孟子朱熹者然亦未嘗不互相發也愚者一得惟

聖明擇焉

孟子曰仁人心也義人路也舍其路而弗由放其心而不知求哀哉人有雞犬放則知求之有放心而不知求學問之道無它求其放心而已矣

臣按仁者心之德也而孟子直以爲人心者葢有此心即有此仁心而不仁則非人矣孔門之言仁多矣皆指其用功處而言此則徑舉全體

使人知心即仁。仁即心。而不可以二視之也。義者。人所當行之路。跬步而不由乎此。則陷於邪僻之徑矣。世之人乃有舍其路而弗由。放其心而不知求者。正猶病風喪心之人猖狂妄行而不知反也。豈不可哀也哉。雞犬至輕也。放則知求之。人心至重也。放而不知求。借至輕而喻至重。所以使人知警也。然則人心之放何也。欲汩之則放。利誘之則放。心既放。則其行必差。故孟子始以人心人路並言。而終獨諄諄於放心之知求。能求放心。則中有主而行不失矣。故曰。學問之道無它求其放心而已矣自天子以至庶人其道皆然而人君以一心而受衆攻尤易以放然則其可以不知求乎求之匪它以敬自持而一念不敢肆而已心本非外縱之則放求之則存猶反覆手也心存則仁存仁存則動無非理即所謂由義路也聖學之要孰先乎此

孟子曰無或乎王之不智也或與惑同雖有天下易生之物也一日暴之十日寒之未有能生者也吾見亦罕矣吾退而寒之者至矣吾如有萌焉何哉萌謂萌蘖今夫奕之爲數小數也奕圍棊也不專心致志則不得也弈秋

通國之善弈者也秋弈者名使奕秋誨二人奕其一人專心致志惟奕秋之為聽一人雖聽之一心以為有鴻鵠將至思援弓繳而射之繳以繩繫箭而射也雖與之俱學弗若之矣為是其智弗若與曰非然也

臣按孟子之告齊王也可謂至矣蓋人主之心養之以理義則明蔽之以物欲則昏猶草木然煖之以陽則生寒之以陰則悴正人賢士進見之時常少理義漑灌之益其能幾何退而以邪說進者至矣猶煖之日寡而寒之日多雖有萌芽旋復摧折其如之何哉又以弈比之弈雖小

技。非專心致志則不能精。故其一以專一而得之。其一雜以它念而失之。非誨者有勤惰學者有工拙。由一與不一而已。故程頤爲講官。嘗言於上曰。人主一日之間。接賢士大夫之時多。親宦官宮妾之時少。則可以涵養氣質薰陶德性。嗚呼。人主欲以理義養其心。必如頤之言而後可。

孟子曰養心莫善於寡欲。其爲人也多欲。雖有存焉者寡矣。其爲人也寡欲。雖有不存焉者寡矣。

呂大臨曰。欲者感物而動也。治心之道。莫善於少欲則耳目之官不蔽於物而心常寧矣心常寧則定而不亂明而不暗道之所由生德之所自成也不存者梏亡之謂也寡欲之人則無梏亡之患矣其爲人也多欲則好動而無節妄作而失常善端所由喪而天理虧焉故雖有存焉者寡矣

朱熹曰欲如耳目口鼻四肢之欲雖人所不能無然多而不節未有不失其本心者程子曰所欲不必沉溺只有所向便是欲

臣按養心謂涵育其心也存謂不失其本心也多欲則戕伐其心矣烏乎養以欲戕伐則喪矣

看得欲字來頭容易則節省輕減亦易爲力寡欲是不化手在學而不染在泥而不濁也

其心矣烏乎存昔漢武帝謂羣臣曰吾欲云云汲黯曰陛下內多欲而外施仁義奈何欲效唐虞之治乎夫堯舜無欲者也武帝好聲色好征伐好刑名好財利好神仙多欲者也多欲則邪念紛紜本心流蕩而欲效堯舜而施仁義得乎周敦頤曰聖可學乎曰可有要乎曰一爲要一者無欲也無欲則靜虛動直靜虛則明明則通動直則公公則溥明通公溥庶矣乎然則有志於學聖人者必由寡欲克之以至於無欲而後可若夫多欲而不知所以克之方將與漢武同

科而欲遠輩堯舜并臣之所敢知也惟
聖主致思焉。
以上論操存省察之功

大學衍義卷之二十九終